Eva Danner

Von Elfen, Wichteln und Zauberern

Fantasievolles für den Morgenkreis

Verlag an der Ruhr

Impressum

Titel
Von Elfen, Wichteln und Zauberern
Fantasievolles für den Morgenkreis

Autorin
Eva Danner

Titelbildmotiv und Illustrationen im Innenteil
Katharina Bußhoff, Berlin

Innengestaltung
LemmeDESIGN, Berlin

Lektorat
Juliane Baumann, Berlin

 Verlag an der Ruhr
Mülheim an der Ruhr
www.verlagruhr.de

Geeignet für Altersstufe 3–6

Unser Beitrag zum Umweltschutz
Wir sind seit 2008 ein ÖKOPROFIT®-Betrieb und setzen uns damit aktiv für den Umweltschutz ein. Das ÖKOPROFIT®-Projekt unterstützt Betriebe dabei, die Umwelt durch nachhaltiges Wirtschaften zu entlasten. Unsere Produkte sind grundsätzlich auf chlorfrei gebleichtes und nach Umweltschutzstandards zertifiziertes Papier gedruckt.

Urheberrechtlicher Hinweis
Das Werk und seine Teile sind urheberrechtlich geschützt. Jede Verwendung in anderen als den gesetzlich zugelassenen Fällen bedarf der vorherigen schriftlichen Einwilligung des Verlages. Im Werk vorhandene Kopiervorlagen dürfen vervielfältigt werden, allerdings nur für jeden Schüler der eigenen Klasse/des eigenen Kurses. Die dazu notwendigen Informationen (Buchtitel, Verlag und Autor) haben wir für Sie als Service bereits mit eingedruckt. Diese Angaben dürfen weder verändert noch entfernt werden. Die Weitergabe von Kopiervorlagen oder Kopien (auch von Ihnen veränderte) an Kollegen, Eltern oder Schüler anderer Klassen/Kurse ist nicht gestattet.
Der Verlag untersagt ausdrücklich das Herstellen von digitalen Kopien, das digitale Speichern und Zurverfügungstellen dieser Materialien in Netzwerken (das gilt auch für Intranets von Schulen und sonstigen Bildungseinrichtungen), per E-Mail, Internet oder sonstigen elektronischen Medien außerhalb der gesetzlichen Grenzen. Kein Verleih. Keine gewerbliche Nutzung. Zuwiderhandlungen werden zivil- und strafrechtlich verfolgt.
Bitte beachten Sie die Informationen unter **www.schulbuchkopie.de.**

© Verlag an der Ruhr 2015
ISBN 978-3-8346-2891-6

Inhalt

Ein paar Worte vorab 5

Zwei Mäusekinder auf großer Reise 7

Zum Vorlesen ...
- Molly und Max gehen auf Reisen 8
- Die geheimnisvolle Burg 10
- Die sonderbaren Steine 13
- Das Schlangenhemd 15
- Nächtlicher Besuch 18
- Die Reise geht zu Ende 20

Zum Mitmachen ...
- Mal doch mal 22
- Sing doch mal ... Die kleine Maus 23
- Reim doch mal ... Zwei Mäuse 24

Der kleinste Zauberer der Welt 25

Zum Vorlesen ...
- Der Zauberwald 26
- Das Vogelkind 29
- Der neue Zauberhut 31
- Das große Durcheinander 34
- Der Streit der Hasen 37

Zum Mitmachen ...
- Mal doch mal 40
- Sing doch mal ... Hokus Pokus 41
- Spiel doch mal ... Der magische Zaubereimer 42

Der Waldwichtel Purzel 43

Zum Vorlesen ...
- Das Geheimnis der Nüsse 44
- Die unheimliche Höhle 46
- Die geheimnisvolle Wurzel 48
- Der Sonnenaufgang 50
- Der Leuchtpunkt 52
- Der Schneckenstreit 54
- Das merkwürdige Erdloch 56
- Frühjahrsputz 58

Zum Mitmachen …

    Mal doch mal … 60

    Sing doch mal … Steht der Wichtel morgens auf 61

    Reim doch mal … Im Wald lebt ein Dachs 62

Der Wasserkobold und der große Schatz 63

Zum Vorlesen …

    Der geheimnisvolle Schatz 64

    Wuschel und die Schildkröte 66

    Der fliegende Meeresbewohner 68

    Wuschel in Gefahr 70

    Der verschwundene Glücksstein 72

    Gefährliche Begegnung 74

    Ein sonderbares Stacheltier 76

    Das goldene Schloss 78

Zum Mitmachen …

    Mal doch mal … 80

    Spiel doch mal … Im großen Meer 81

    Rat doch mal … Fremde Welten 82

Die Wiesenelfe Gwendolyn 83

Zum Vorlesen …

    Die Elfe auf der Blumenwiese 84

    Die Maus, die keine war 86

    Der Regen 88

    Die Fliege mit den wundersamen Beinen 90

    Die Wiesenelfe und die Maus 92

    Die gemeinen Froschbrüder 94

    Eine geheimnisvolle Verwandlung 96

    Das wandelnde Blatt 98

Zum Mitmachen …

    Mal doch mal … 100

    Sing doch mal … Von den Wiesentieren 101

    Spiel doch mal … Die Wiesenelfe 102

Medientipps 103

Ein paar Worte vorab …

Kinder lieben das Vorlesen und Erzählen von Geschichten: Geschichten machen Spaß, regen die Fantasie an und liefern vor allem ein hohes Identifikationspotenzial.

Das regelmäßige Vorlesen und Erzählen von Geschichten fördert die Sprachentwicklung von Kindern und schult gleichzeitig ihre Konzentration und Ausdauer. Vorlesen animiert zum genauen Zuhören. Dabei wird die Fantasie und Kreativität der Kinder angeregt und es macht natürlich viel Spaß, in fremde Welten einzutauchen und die Hauptcharaktere bei ihren spannenden Abenteuern zu begleiten.

Tipps für das Vorlesen:
- Sprechen Sie deutlich und langsam.
- Achten Sie auf die Betonung (z. B. wenn die Schlange spricht, können die „S-Laute" überspitzt gesprochen werden).
- Sprechen Sie die verschiedenen Figuren in unterschiedlichen Tonlagen, sodass jede eine unverwechselbare Stimme erhält.
- Legen Sie kurze Pausen ein, bevor wichtige Ereignisse geschehen, dies erhöht den Spannungsbogen.
- Achten Sie auf Ihre Aussprache und differenzieren Sie diese entsprechend den jeweiligen Handlungsabläufen (z. B. rhythmisches Sprechen beim Aufsagen der Zaubersprüche, Flüstern, Stottern bei Aufregung).

Dieses Buch beinhaltet **fünf Kapitel**, mit **mehreren Einzelgeschichten** zum Vorlesen. Am Ende jedes Kapitels finden Sie passend zum jeweiligen Thema Anregungen zum Mitmachen: ein **Ausmalbild** zum Kopieren und zwei **zusätzliche Angebote,** die Sie zur Vertiefung oder einfach als Anregung für Ihren Morgenkreis verwenden können. Die Angebote variieren zwischen Bewegungs- und Kreisspielen, Liedern, Reimen und Rätseln. Jedes Kapitel beginnt mit einer **Einstiegsgeschichte,** in welcher die Kinder den/die Hauptcharakter(e) zunächst erst einmal kennenlernen.

In den Kapiteln „*Der kleinste Zauberer der Welt*" (ab Seite 25), „*Der Waldwichtel Purzel*" (ab Seite 43) und „*Die Wiesenelfe Gwendolyn*" (ab Seite 83) können Sie die Geschichten unabhängig voneinander und in beliebiger Reihenfolge vorlesen.

Im ersten und vierten Kapitel, *„Zwei Mäusekinder auf großer Reise"* (ab Seite 7) und *„Der Wasserkobold und der große Schatz"* (ab Seite 63), sollte die Reihenfolge der einzelnen Geschichten beim Vorlesen beibehalten werden, da sie aufeinander aufbauen.

An dieser Stelle möchte ich es nicht versäumen, meiner Kollegin und guten Freundin Beate Vogel einen besonderen Dank auszusprechen. Danke für viele gute Ideen, kleine und größere Denkanstöße und die unermüdliche Unterstützung bei der Entstehung dieses Buches!

Nun wünsche ich Ihnen und den Kindern viel Spaß beim Eintauchen in die magische Welt der Elfen, Wichtel und Zauberer!

Ihre Eva Danner

Molly und Max gehen auf Reisen

Weit entfernt, wo die Wiesen immer grün sind und es herrlich nach Blumen duftet, ist das Zuhause von Molly und Max. Die Mäusekinder sind den ganzen Tag unterwegs, klettern auf Baumstämme, spielen Verstecken oder erkunden die Gegend. Abends gehen sie nach Hause in ihr gemütliches Nest, das Mama und Papa Maus aus Gras und Blättern gebaut haben. Ganz in der Nähe fließt ein Fluss und die beiden sitzen oft an dessen Ufer. „Wohin der wohl führt?", fragt Max eines Tages. „Wer?", will Molly wissen. „Na, der Fluss!" „Keine Ahnung. Vielleicht bis ans Ende der Welt!" „Meinst du?" „Ich weiß es nicht! Aber lass es uns doch herausfinden!" „Wie denn?", will Max wissen. „Wir könnten ein Boot bauen!", antwortet Molly. Seit diesem Tag haben die beiden nur eines im Sinn: Herausfinden, wohin der Fluss führt. Mit einem selbst gebauten Boot wollen sie sein Geheimnis lüften. Viele Wochen arbeiten sie schon daran und jetzt ist es fast fertig. Auch ein kleines Häuschen, in dem sie schlafen können, haben sie auf dem Boot gezimmert. „Jetzt fehlt nur noch das Segel!" ruft Molly. „Wenn der Wind weht, wird er uns den ganzen Fluss entlangtreiben!" „Ich freu mich schon!", erwidert Max. „Aber ich bin auch ein bisschen traurig, weil wir dann lange Zeit fort sind. Ich werde Mama und Papa vermissen!" „Ich werde sie auch vermissen. Aber wir werden auch vieles sehen und neue Abenteuer erleben. Außerdem bin ich bei dir. Gemeinsam brauchen wir uns vor nichts zu fürchten!", versucht Molly, ihrem Bruder Mut zu machen. „Du hast ja recht!", seufzt Max und etwas munterer fügt er hinzu: „Lass uns das Segel befestigen, dann haben wir es geschafft!" Das Segel ist ein großes Schilfblatt, das sie am Flussufer entdeckt haben. Dieses binden sie an einen langen Ast, in der Mitte ihres Boots. „Fertig!", jubeln sie kurze Zeit später. „Aber etwas fehlt noch!", sagt Max. „Was denn?", will Molly wissen. „Wenn wir an Land gehen, müssen wir unser Boot irgendwie fest-

Von Elfen, Wichteln und Zauberern

machen, damit es nicht wegschwimmt!" "Wir brauchen einen Anker!", ruft Molly. "Einen was?" "Einen Anker. Man wirft ihn ins Wasser und er bleibt am Grund des Flusses liegen. Und weil er schwer ist, schwimmt unser Boot nicht weg!" "So einen Angler brauchen wir!" "Es heißt Anker, nicht Angler. Um ihn zu bauen, suchen wir einen großen Stein und einen langen Grashalm. Diesen knoten wir am Stein fest und binden ihn an unser Boot!", erklärt Molly. Und so machen sie es. Dann bringen sie ihre Vorräte an Bord: Nüsse, Beeren, Samen und Körner. "Aber wie kriegen wir das Schiff ins Wasser?", fragt Max. "Unsere Unterstützung müsste gleich eintreffen!" Schon kommen viele Mäuse herbei. Alle schieben und ziehen so fest sie können und bald schwimmt das Boot im Fluss. Molly und Max steigen ein und winken ihnen zum Abschied zu. Mama Maus hat eine Träne im Auge, denn sie weiß, dass ihre Kinder nun lange Zeit fort sein werden, und das macht sie traurig. Dann geht die Reise auch schon los. Hinein in ein unbekanntes Abenteuer, von dem keiner weiß, wohin es sie führen wird.

Zwei Mäusekinder auf großer Reise

Die geheimnisvolle Burg

Max und Molly fahren mit ihrem Boot den Fluss entlang. An beiden Seiten des Ufers wachsen Bäume und Sträucher. „Es ist schön hier! Findest du nicht?", fragt Molly. „Es ist wunderschön!", stimmt Max zu. Die Sonne scheint, Vögel singen ihre Lieder und das Wasser plätschert leise. Max schließt die Augen und träumt vor sich hin. Doch bereits nach kurzer Zeit wird ihre Fahrt gestoppt. Das Boot bleibt in allerlei Gestrüpp hängen, das auf dem Fluss treibt. „Was ist los? Warum halten wir an?" „Sieh dich doch um. Hier schwimmen überall Äste und Baumstämme herum!", antwortet Molly, als plötzlich etwas Merkwürdiges an ihnen vorbeischwimmt. Es hat einen langen Schwanz und braunes Fell. Erschrocken starren die beiden auf das Wasser.

„Hast du das gesehen?", stottert Max. „Was war denn das?" „Ich weiß nicht!", erwidert Molly, als das große Etwas wieder auftaucht und genau auf das Boot zuschwimmt. Dann streckt jemand seinen Kopf aus dem Wasser. „Hallo!", ruft es und im nächsten Moment schaut es auf der anderen Seite des Bootes heraus. Offenbar kann es sich im Wasser sehr schnell fortbewegen. „Wer seid ihr?", will es wissen, doch die zwei antworten nicht. „Könnt ihr sprechen?" „Ja!", antwortet Molly leise. „Das ist schon mal prima. Und wer seid ihr nun?" „Ich bin Molly und das ist mein Bruder Max!", stellt das Mäusekind sich vor. „Was machen denn zwei Mäuse im Fluss?", fragt das braune Tier. „Ich dachte immer, Mäuse wohnen an Land!" „Das stimmt auch. Wir sind auf der großen Wiese zu Hause. Aber Max und ich haben ein Boot gebaut und damit erkunden wir jetzt den Fluss. Wir wollen herausfinden, wohin er führt. Doch hier geht es nicht weiter. Irgendwer hat das ganze Holz im Wasser verteilt!" „Das war ich!", gibt das Tier zu. „Du?" „Ja!", strahlt der Fremdling stolz, „das ist ziemlich viel Holz, stimmt's?" „Das kann man wohl sagen! Warum hast du es denn ins Wasser geworfen und wer bist du überhaupt?", will Molly wissen. „Mein Name ist Bernd. Ich bin ein Biber.

Und das Holz brauche ich, um meine Biberburg zu bauen!" „Deine Biberburg?", wiederholt Max verwundert. „Ja. Ich lebe dort mit meiner Familie. Seht ihr den Hügel da vorne?" In einiger Entfernung bemerken die beiden Mäuse einen großen Haufen mitten im Wasser. Er ist aus unzähligen Ästen und Zweigen gebaut. „Du wohnst in einem Holzhaufen?", wundert Molly sich. „Ist das nicht furchtbar ungemütlich?" „Natürlich wohne ich darin. Alle Biber tun das. Außerdem nennt man es nicht Holzhaufen, sondern Biberburg. Und es ist ganz und gar nicht ungemütlich darin. Unter dem Holz ist nämlich unsere Wohnhöhle. Wir haben sie mit Pflanzen gepolstert, so ist sie schön weich und gemütlich. Das Holz verteilen wir oben drauf, damit wir es warm und trocken in unserer Burg haben! Aber die Burg ist noch nicht fertig, ich muss noch viel mehr Holz dort verteilen!" Max und Molly hören dem Biber aufmerksam zu. Eine Biberburg haben sie noch nie gesehen.

„Bist du die ganze Zeit im Wasser?", fragt Max. „Natürlich!", lacht Bernd. „Aber frierst du denn nicht? Das Wasser ist doch so kalt!" „Das macht uns Bibern nichts aus. Wir haben ein dickes Fell, das hält uns warm!" „Und wo bekommst du das ganze Holz her? Fällt es einfach so in den Fluss?" Max ist neugierig geworden. Er hat noch nie jemanden wie Bernd getroffen. „Ich fälle die Bäume mit meinen Zähnen. Ich habe sehr scharfe Zähne, damit beiße ich die Stämme und Äste einfach ab." Max und Molly sind beeindruckt. „Wollt ihr sie mal sehen?" „Deine Zähne?" „Nein, meine Burg! Sie wird euch gefallen. Ich werde schnell noch die Äste und Zweige zur Seite schieben, damit ihr mit eurem Boot durchfahren könnt!" Im Nu hat der Biber alles ans Ufer gedrückt. „Jetzt müsste es gehen. Folgt mir!" Nach einer Weile erreichen sie den Holzhaufen. „Wir sind da!", sagt Bernd. „Aber wo ist denn der Eingang?", fragt Max. Er kann nämlich keine Öffnung in der Biberburg erkennen. „Der Eingang liegt unter Wasser. Wir müssen schwimmen!" „Schwimmen?", ruft Max entsetzt. Er kann Wasser nicht leiden. „Ja, es ist sicherer, wenn der Eingang im Wasser versteckt liegt!", erklärt Bernd. „Kommt ihr jetzt?" Entgeistert schauen sich die beiden an. „Weißt du, Bernd. Es ist sehr nett

von dir, dass du uns dein Zuhause zeigen willst. Es ist sicher auch sehr schön in deiner Burg. Aber mein Bruder und ich schwimmen nicht besonders gern. Um ehrlich zu sein, würden wir lieber in unserem Boot bleiben!" „Schade! Meine Wohnhöhle hätte euch gefallen!" „Bestimmt!", bestätigt Max und ist froh, nicht ins kalte Wasser zu müssen. „Dann will ich euch aber wenigstens noch etwas mitgeben. Ein Bibergeschenk!", lacht Bernd. „Wartet kurz!" Schnell schwimmt er davon und kehrt kurz darauf mit einem langen Stock zurück. „Für euch! Ihr könnt ihn zum Paddeln benutzen. Oder um Äste zur Seite zu schieben!" „Das ist ein tolles Geschenk. Dankeschön!", freuen die beiden sich. „Ein Paddel können wir sicher gut gebrauchen!" „Dann wünsche ich euch noch eine gute Reise. Es war schön, euch kennenzulernen. Mäuse trifft man hier sonst nie!" „Es hat uns auch gefreut, dich kennenzulernen. Biber trifft man bei uns auf der Wiese auch nie!", schmunzelt Molly. „Ach, eins noch!", ruft Max. „Kannst du uns verraten, wohin der Fluss führt?" „Wohin er führt? Keine Ahnung, so weit bin ich noch nie geschwommen. Aber vielleicht findet ihr es ja heraus. Viel Glück dabei!", sagt Bernd und taucht in seine Biberburg ab. Und die beiden Mäusekinder setzen ihre Reise auf dem Fluss fort.

Die sonderbaren Steine

Eines Morgens entdeckt Max etwas im Fluss. „Molly!", ruft er. „Das musst du dir mal ansehen!" Unzählige Steinchen schweben zwischen grünen Wasserpflanzen. Sie schimmern weiß und sind winzig klein. „Was kann das sein?" „Keine Ahnung. Werfen wir den Anker ins Wasser und sehen nach!", antwortet Molly, fasst in das Wasser hinein und nimmt behutsam einen der vielen Steine in die Hand. „Komisch!", sagt sie sogleich. „Er fühlt sich ganz weich an! So einen merkwürdigen Stein habe ich noch nie gesehen!" „Vielleicht liegt er schon so lange im Wasser, dass er weich geworden ist!", vermutet Max. „Steine werden nicht weich, ganz egal wie lange sie im Wasser liegen!", sagt Molly und hält den Stein in die Luft. Als das helle Sonnenlicht hindurchscheint, macht sie eine weitere Entdeckung. „Ach herrje!", ruft sie. „Was ist denn jetzt schon wieder?" „In dem Stein ist irgendetwas drin." „In Steinen ist nichts drin. Das weiß ich ganz genau!", erwidert Max. „Dann sieh es dir doch an!" Und dann hält sie den Stein ihrem Bruder hin. „Stimmt! Es sieht aus, als würde sich ein kleiner, schwarzer Punkt darin befinden!" „Ja! Und schau mal. Der Punkt bewegt sich!" Fasziniert sitzen die zwei auf ihrem Boot und bestaunen den ungewöhnlichen Stein.

Auf einmal ruft eine aufgeregte Stimme: „Was macht ihr denn da mit meinem Baby?" Die Mäuse drehen sich erschrocken um und entdecken einen Fisch im Wasser. „Bitte gebt mir mein Baby zurück!", ruft dieser. „Wir haben dein Baby nicht!", antwortet Molly. „Aber du hältst es doch in deiner Hand!" „Meinst du den Stein hier?" „Das ist kein Stein. Das ist ein Ei. Mein Ei. Und darin ist mein Baby!" „Ach du meine Güte!", ruft Molly erschrocken, „das wusste ich nicht. Entschuldige!" „Kannst du es bitte zurück ins Wasser legen? Es kann nicht mehr lange dauern, dann werden meine Babys schlüpfen!" „Natürlich. Ich lege es sofort zurück!" Eilig legt Molly das Ei ins Wasser. „Danke! Ich heiße Fiona. Und wer seid ihr?" „Ich bin Molly, das hier ist Max!" Plötzlich ruft Fiona aufgeregt: „Es

geht los!" Die zwei Mäuse bemerken, dass sich die schwarzen Punkte in den Eiern nun heftiger bewegen. Die Eier wackeln zwischen den Pflanzen hin und her und im nächsten Augenblick kommt ein winziger Fisch zum Vorschein. Dann noch einer und noch einer. Bald schwimmen unzählige Fischbabys im Fluss. „Oh!", staunt Max. „So viele Babys!" „Ja!", lacht Fiona. „Und allen geht es gut! Jetzt muss ich mir nur noch Namen überlegen!" „Du willst ihnen allen Namen geben?", fragt Molly. „Es sind doch so viele!" „Natürlich! Jedes Kind hat doch einen Namen!", antwortet Fiona. „Da hast du recht. Wir müssen jetzt auch weiter. Alles Gute für dich und deine Babys!", rufen Max und Molly ihr zu und ziehen den Anker aus dem Wasser. „Ach, eins noch! Kannst du uns verraten, wohin der Fluss führt?" „Wohin er führt? Keine Ahnung, so weit bin ich noch nie geschwommen. Aber vielleicht findet ihr es ja heraus. Viel Glück dabei!", sagt Fiona.

Das Schlangenhemd

Die beiden Mäuse sind nun schon eine ganze Weile auf dem Fluss unterwegs, als Max etwas am Ufer bemerkt. „Molly! Sieh mal da drüben!" „Was soll denn da sein?" „Da bewegt sich etwas!" „Ich sehe nichts!" „Du musst genauer hinschauen. Es bewegt sich ziemlich schnell durch das Gras, drüben am Flussufer!" Molly schaut noch einmal genauer hin. „Tatsächlich. Irgendetwas ist da. Komm, wir sehen nach!", ruft das Mäusemädchen und steuert mit dem Paddel Richtung Ufer. Dann werfen sie den Anker und klettern an Land. Doch als sie dort ankommen, ist nichts zu sehen. „Wo ist es hin?", will Max wissen. „Ich weiß nicht. Warte mal. Ich steige auf den großen Stein da vorne, womöglich kann ich von dort besser sehen!" Molly flitzt in Windeseile durch das Gras und klettert auf den Stein. „Und? Was siehst du?", ruft Max ihr zu. „Nichts!", antwortet sie und kehrt zu ihrem Bruder zurück. Doch dann entdeckt Max etwas. „Pst!", flüstert er. „Da drüben sitzt jemand!" „Ja. Lass uns näher herangehen und nachsehen, wer es ist!"

Leise schleichen die zwei durch das Gras. „Es ist eine Schlange!", flüstert Max plötzlich und versteckt sich hinter einer Wurzel. Mäuse fürchten sich nämlich vor Schlangen. „Meinst du, sie ist gefährlich?", fragt Max. „Ich bin mir nicht sicher. Aber sie bewegt sich gar nicht. Wahrscheinlich schläft sie!" „Glaubst du?" „Ich werde einfach nachsehen." „Molly!", raunt Max, „bist du verrückt geworden? Willst du etwa als Schlangenfrühstück enden?" „Aber sie schläft doch und hört mich überhaupt nicht!" Und zum Beweis ruft sie laut: „Hallo, Schlange." „Vielleicht solltest du sie lieber nicht aufwecken!", mahnt Max. „Am Ende ist sie noch verärgert, weil wir sie beim Schlafen gestört haben! Und einer verärgerten Schlange, will ich lieber nicht begegnen!" Aber Molly hört nicht auf ihn. Stattdessen ruft sie noch lauter als zuvor: „Hallo, Schlange. Schläfst du etwa?" Und dann kitzelt sie diese auch noch am Schlangenkopf. „Das mag sie sicher nicht!", sagt Max. Doch die Schlange bewegt sich nicht.

„Die schläft aber fest!", erwidert Molly. „Womöglich ist sie krank!", vermutet das Mäusemädchen. „Und was willst du tun? Ein paar Nüsse von unserem Boot holen und sie damit füttern?", fragt Max. „Das ist eine gute Idee. Kannst du welche holen?" „Wenn du meinst!", antwortet Max und saust los. Dabei weiß er nicht einmal, ob Schlangen überhaupt Nüsse mögen. Bald ist er wieder zurück und Molly legt einige Haselnüsse vor die Schlange ins Gras. Doch nichts passiert. „Die Schlange mag wohl keine Nüsse!", sagt Max, als eine fremde Stimme fragt: „Was tut ihr denn da? Ssss!" Erschrocken drehen sich die beiden um und bemerken eine große Schlange im Gras. „Hal-lo!", stottert Molly und wäre am liebsten davongerannt. Aber die Schlange ist schon zu nah, um weglaufen zu können. „Wir ... wir wollten der kleinen Schlange hier helfen. Ich glaube sie ist krank!", stammelt sie ängstlich. Die große Schlange schaut die beiden Mäuse verdutzt an. „Das ist keine Schlange!", erwidert sie. „Natürlich ist es eine Schlange!", widerspricht Molly. „Das ist keine Schlange, sssss!" zischt diese erneut. „Aber sie sieht doch wie eine Schlange aus. Um ehrlich zu sein, sieht sie dir sogar zum Verwechseln ähnlich. Nur dass sie ein bisschen kleiner ist!" „Das ist nur mein Schlangenhemd. Ich habe es ausgezogen, weil es mir zu eng geworden ist. Ich heiße übrigens Kassandra! Ssssss!", erklärt die große Schlange. „Wie bitte?", erwidert Molly. „Was hier vor dir im Gras liegt, ist nur mein Hemd. Ich bin wieder einmal ein ganzes Stück gewachsen und es ist mir zu klein geworden. Da hab ich es einfach ausgezogen. Sssssss! So machen Schlangen das!"

Die Mäusekinder schauen sich verwundert an. So etwas haben sie noch nie gehört. Schließlich ziehen sie ihr Fell auch nicht aus, wenn es ihnen zu eng wird. Im Grunde wird es das auch nicht. Es wird von selber immer größer, ohne dass die beiden Mäuse es ausziehen müssen. „Mein Hemd ist meine Haut", erklärt Kassandra. „Und wenn sie zu eng wird, kann ich sie einfach ausziehen. Das tut nicht weh und danach kann ich mich wieder viel besser bewegen. Aber zuerst muss meine neue Haut noch richtig trocken werden. Deshalb liege ich hier in der Sonne. Ich

kann mich noch nicht so gut bewegen und muss noch ein Weilchen hier liegen bleiben! Ssssss!" „Das ist unglaublich!", staunt Molly, „findest du nicht, Max?" „Ja, es ist das Unglaublichste, das ich je gehört habe. Aber sollten wir jetzt nicht wieder zu unserem Boot zurückgehen?" Er fürchtet sich vor der großen Schlange, die jetzt noch um einiges größer als ihr Hemd geworden ist. Und bevor diese sich wieder besser bewegen kann, ist es sicher von Vorteil für kleine Mäuse, nicht mehr in der Nähe zu sein. Man kann ja nie wissen. „Du hast recht. Es wird Zeit!", bestätigt Molly. „Wir müssen aufbrechen. Wir fahren nämlich mit dem Boot den Fluss entlang!" „Auf Wiedersehen, sssssss!", zischt Kassandra. „Ich würde euch ja noch zum Flussufer begleiten, aber meine Haut muss wirklich noch trocknen. Ich könnte mich sonst verletzen!" „Kein Problem!", ruft Max eilig, „wir finden den Weg. Danke. Ruh dich lieber noch ein bisschen aus! Ach, eins noch! Kannst du uns verraten, wohin der Fluss führt?" „Wohin er führt? Keine Ahnung, so weit bin ich noch nie gekrochen. Aber vielleicht findet ihr es ja heraus. Viel Glück dabei! Sssssss!" Und dann machen sich die beiden Mäusekinder auf den Weg. Als sie am Fluss ankommen, betrachtet Molly ihr Spiegelbild im Wasser. Ein Hemd, das aussieht wie ich, hätte ich auch gern, denkt sie. Aber so etwas gibt es wohl nur bei Schlangen.

Zwei Mäusekinder auf großer Reise

Nächtlicher Besuch

Es ist Abend. Max und Molly wollen sich gerade zum Schlafen hinlegen, als sie jemanden singen hören:

„Lecker, lecker, köstlich frisch –
schmeckt der Krebs und auch der Fisch.
Lecker, lecker, köstlich fein –
genau so muss er sein!"

„Da singt jemand!", stellt Max fest. „Ja!", antwortet Molly. „Und das mitten in der Nacht. Singen sollte man, wenn es hell ist!" „Das stimmt! Wer auch immer es ist, will wohl noch nicht schlafen gehen!" „Kannst du jemanden erkennen?", fragt Molly. „Nein. Es ist zu dunkel!" „Lass uns näher ranfahren! Dann sehen wir vielleicht mehr!" Leise paddeln sie ans Ufer, als der Unbekannte schon wieder singt:

„Fische fangen ist nicht schwer –
ob im Fluss oder im Meer.
Fische fangen, das ist fein –
sie schmecken gut, ob groß ob klein."

Plötzlich muss Max niesen. In diesem Augenblick entdeckt der Fremdling die beiden und versteckt sich. „Oh! Wir haben ihn erschreckt!", sagt Molly. „Bitte komm wieder raus. Wir tun dir nichts! Wir wollten nur herausfinden, wer hier mitten in der Nacht singt!" Da wagt sich der Fremdling aus seinem Versteck heraus. „Wer seid ihr?" „Ich bin Molly, das ist Max!", antwortet das Mäusekind. „Mein Name ist Waldemar Waschbär!" „Wir wollten dich nicht beim Waschen stören, Waldemar!", entschuldigt sich Max. „Aber ich wasche mich doch überhaupt nicht!", erwidert dieser verdutzt. „Nein?" Waldemar schüttelt den Kopf. „Aber du bist doch ein Waschbär! Dann musst du dich doch waschen!" „Wir Waschbären waschen uns nicht besonders gern!" „Das verstehe ich nicht! Du bist ein Waschbär, willst dich aber nicht waschen." Max ist verwirrt. „Wir heißen Waschbären, weil wir bei der Futtersuche so aussehen, als ob

wir uns waschen. Aber in Wahrheit fangen wir Fische!" „Aber warum wartest du mit dem Fischfang nicht, bis es hell ist? Dann kannst du die Fische doch viel besser sehen!", meint Molly. „Waschbären können auch im Dunkeln gut sehen. Am Tag schlafen wir!", erklärt Waldemar. „Wir schlafen lieber nachts!", sagt Max. „Du schläfst zu jeder Tageszeit, Max!", lacht Molly. „Bei Tag, bei Nacht, am Morgen, Mittag oder Abend. Du bist eine richtige Schlafmütze!" „Da hast du recht! Ich könnte auch jetzt eine Mütze Schlaf vertragen!" „Ich auch!", gähnt Molly. Und schon liegen sie in ihrem Holzhäuschen. „Gute Nacht!", sagt Waldemar. „Ach, eins noch! Kannst du uns verraten, wohin der Fluss führt?" „Wohin er führt? Keine Ahnung, so weit bin ich noch nie gelaufen. Aber vielleicht findet ihr es ja heraus. Viel Glück dabei!" Es dauert nicht lange und die Mäuse schlafen, während Waldemar weiter Fische fängt. Und wenn er dies tut, sieht er wirklich so aus, als ob er sich waschen würde. Aber Max und Molly wissen es jetzt besser.

Zwei Mäusekinder auf großer Reise

Die Reise geht zu Ende

Max und Molly sind nun schon lange unterwegs. Sie haben vieles gesehen und erlebt. Ihre Vorräte sind aufgebraucht und sie haben Heimweh. „Ich will nach Hause!", sagt Max. „Wir hatten viel Spaß und es war eine tolle Zeit, aber ich will auf unsere Wiese zurück!" „Ich auch. Ich vermisse Mama und Papa!", antwortet Molly. So fahren sie den Fluss entlang, als dieser sich plötzlich teilt. Ein Teil, und das ist der weitaus größere, fließt geradeaus weiter. Der andere, kleinere, macht eine scharfe Biegung nach rechts. „Was sollen wir jetzt machen?", fragt Max. Molly überlegt. „Ich denke, wir sollten den schmalen Bachlauf wählen! Das Wasser plätschert langsam und ruhig vor sich hin, während es da drüben schnell und unruhig fließt. Womöglich mündet es noch in einen Wasserfall!", antwortet Molly. „Fahren wir nach rechts!", sagt Max und sie steuern das Boot um die Flussbiegung herum. Kaum, dass sie den breiten Fluss verlassen haben, müssen sie sich mächtig anstrengen, um überhaupt vorwärtszukommen. Abwechselnd paddeln die beiden Mäusekinder, doch sie kommen nur langsam voran.

„Puh!", schnauft Max. „Paddeln ist ziemlich anstrengend! Wir hätten lieber auf dem großen Fluss bleiben sollen, wo es immer schnell vorwärtsging!" „Weißt du, Max, es ist deshalb so anstrengend, weil wir jetzt gegen die Strömung fahren. Vorher ist das Wasser bergab geflossen, da mussten wir kaum paddeln!", erklärt Molly. „Aber ich bin müde! Und mir tun die Pfoten weh!", jammert Max. „Ich will nicht mehr paddeln. Außerdem wissen wir nicht, ob dieser Fluss uns überhaupt nach Hause führt!" „Das stimmt!", antwortet Molly. „Aber wenn wir jetzt aufgeben, dann erfahren wir es nie!" „Na schön! Finden wir es heraus!", erwidert Max und greift erneut das Paddel. Mit vereinten Kräften geht die Fahrt langsam, aber stetig, weiter. Und irgendwann, die zwei haben schon fast nicht mehr daran geglaubt, sehen sie die große Wiese. „Wir sind zu Hause!", ruft Molly aufgeregt und umarmt überglücklich ihren Bruder. Eilig

werfen sie den Anker ins Wasser und sausen los. Bald erreichen sie ihr geliebtes Nest. „Wir sind wieder da!", rufen sie. Schnell kommen die Mäuseeltern herbei. „Ihr seid zurück!", lacht Mama Maus. „Wir haben euch schrecklich vermisst." „Wir haben euch auch vermisst!", antwortet Max. „Und habt ihr herausgefunden, wohin der Fluss führt?", will Papa Maus wissen. „Ja, das haben wir. Er hat uns zu dem schönsten Platz auf der ganzen, weiten Welt geführt! Nach Hause! Zu euch und unseren Freunden. Aber wir haben auch Wunderbares gesehen und erlebt!", erzählt Molly. „Wir möchten alles wissen!", erwidert Mama Maus. „Aber das hat Zeit bis morgen."

Und so hat ihre Reise die beiden Mäusekinder wieder zurückgebracht. Und bei allem, was sie gesehen und erlebt haben, sind sich beide einig: Am schönsten ist es dort, wo man zu Hause ist! Dann kuscheln sich Max und Molly in ihr gemütliches Nest und schlafen froh und glücklich ein.

Zwei Mäusekinder auf großer Reise

Mal doch mal …

Von Elfen, Wichteln und Zauberern

Die kleine Maus

Melodie: „Ein Vogel wollte Hochzeit machen" / Text: E. Danner

Die Kinder sitzen im Stuhlkreis. Ein Kind wird als Maus bestimmt, ein anderes als Katze. Die Katze sitzt am Boden hinter dem Stuhl und wartet auf ihren Auftritt. Gemeinsam werden die Strophen gesungen:

1. Die kleine Maus hüpft froh im Gras und dabei hat sie großen Spaß.
   Ja, sie hüpft im Gras, ja, sie hüpft im Gras,
   ja, die Maus hüpft froh im Gras.
   (in der Kreismitte hüpfen)

2. Die Sonne, die scheint heute hell,
   da wird der Maus dann warm ganz schnell.
   Ja, da wird ihr warm, ja, da wird ihr warm,
   ja, da wird ihr warm ganz schnell.
   (stehen bleiben, Handrücken wischt über die Stirn)

3. Sie sucht sich eine andre Maus, sie kitzeln sich – ja, ei der Daus.
   Ja, sie kitzeln sich, ja, sie kitzeln sich, kitzeln sich – ja, ei der Daus.
   (die Maus sucht sich eine/n Freund/in, sie kitzeln sich und das Spiel beginnt von vorn)

   Zwei Mäuse hüpfen froh im Gras und haben dabei großen Spaß ...
   (dies wird so lange wiederholt, bis alle Kinder bis auf die Katze mitspielen)

4. Doch hinterm Baum ich hör's genau, da ruft die Katze leis: „Miau!"
   Ja, sie ruft: miau, ja, sie ruft: miau, ja, sie ruft ganz leis: „Miau!"
   (die Katze lugt hinter dem Stuhl hervor und ruft: „Miau!")

5. Die Katze springt aus dem Versteck, schon rennen alle Mäuse weg.
   Ja, sie rennen weg, ja, sie rennen weg, ja, sie rennen alle weg.
   (die Katze springt hervor und die Mäuse versuchen, ihre Plätze zu erreichen, bevor sie geschnappt werden, wer erwischt wird, übernimmt in der nächsten Runde die Rolle der Katze)

Zwei Mäuse

Zwei Mäuse, mit Verstand und Mut,
die dachten: Bootfahr'n wäre gut.
Sie schafften Holz und Äste ran
und fingen mit dem Bootsbau an.

Vom Morgen bis zum Abendrot,
da bauten sie an ihrem Boot.
Nach Wochen war es dann so weit,
das Boot stand fertig nun bereit.

So machten sie sich auf den Weg,
liefen eilig übern Steg,
hüpften in das Boot hinein,
schon ging es los, im Sonnenschein.
Doch plötzlich gab es eine Bö,
das Boot, es hüpfte in die Höh
und setzte auf mit lautem Knall,
da sahen sie den Wasserfall.

Den Mäusen wurde angst und bang,
zum Wasserfall war's nicht mehr lang.
Sie ruderten mit aller Kraft,
das Boot herum: Es ist geschafft!

Zwei Mäuse, mit Verstand und Glück,
die wollten nun nach Haus zurück.
Erschöpft und müde ging's nach Haus,
zu Mama und zu Papa Maus.

Tipp: Sie können die Reimgeschichte auch als Bewegungsspiel mit den entsprechenden Bewegungen durchführen.

Der Zauberwald

Tief im Zauberwald, da steht ein winzig kleines Haus. Darin wohnt der kleinste Zauberer der Welt. Er ist 101 Jahre alt, trägt einen schwarzen Zauberumhang und einen großen, schon etwas zerknitterten Zauberhut. Außerdem hat er einen Zauberstab, der aus einer magischen Baumwurzel geschnitzt ist. Damit kann er alles zaubern, was man sich nur vorstellen kann. Eines Morgens, als er im Wald unterwegs ist, hört er ein Geräusch und versteckt sich schnell hinter einem Baum. Kurze Zeit später sieht er drei Kinder durch den Wald spazieren. Zwei große Jungs und ein kleiner, der hinter den anderen hertrottet. Der Kleinste schleppt einen Korb mit sich herum, den er kaum tragen kann. „Kannst du vielleicht ein bisschen schneller laufen?", fragt einer der großen Jungs unfreundlich. „Wenn du weiter so trödelst, werden wir nie fertig!" „Genau!", sagt der andere. „Bei deiner Bummelei dauert es bis heute Abend, bis wir den Korb voller Pilze gesammelt haben!" „Aber der Korb ist furchtbar schwer!", antwortet der Kleinste und stolpert über einen Stein. Zum Glück fällt er ins weiche Moos und verletzt sich nicht. Aber der Korb rutscht ihm aus der Hand, fliegt mitten in einen Brombeerbusch hinein und alle Pilze kullern umher. „Die hebst du wieder auf! Ist das klar?", zischt der größte der drei. „Aber die Brombeeren haben Dornen. Die piken ganz fürchterlich!" „Du hast die Pilze mitsamt dem Korb fallen lassen, also hebst du auch alles wieder auf!" „Aber ich habe es doch gar nicht absichtlich gemacht!" „Das ist egal. Es ist deine Schuld und deshalb sammelst du die Pilze wieder ein!" Als der Zauberer das hört, ärgert er sich. „So eine Unverschämtheit!", denkt er. „Der Kleine kann doch nichts dafür. Dasselbe hätte euch auch passieren können. Jetzt sollt ihr sehen, was ihr davon habt!" Mit dem Zauberstab in der Hand murmelt er:

Krix, krax, knacks – Zaubern ist ein Klacks.

Zauberlampe, Zauberlicht – spitze Dornen piken nicht.

Fi, fa, fein – genauso soll es sein.

Von Elfen, Wichteln und Zauberern

Der Junge läuft zu dem Brombeerbusch und streckt vorsichtig seine Hand nach dem ersten Pilz aus. Er gibt sich die größte Mühe, doch dann berührt er eine der Dornen. Aber wie wundert er sich, sie pikt überhaupt nicht. „Komisch!", denkt er. Und so gelingt es ihm, alle Pilze zurück in den Korb zu legen, ohne den kleinsten Kratzer davonzutragen. Die anderen beiden wundern sich, dass sie kein Gejammer und Geheule hören, sagen aber nichts und gehen weiter. Leider kann der Kleine immer noch nicht schneller laufen und der Korb ist auch nicht leichter geworden, da ruft der Mittlere: „Gib her, du Schwächling, bevor noch ein Unglück passiert!" Dieser stellt den Korb auf dem Boden ab und genau in diesem Augenblick spricht der kleine Zauberer erneut einen Zauberspruch:

Krix, krax, knacks – Zaubern ist ein Klacks.
Hühnerfuß und Entenei – dieser Korb sei schwer wie Blei.
Fi, fa, fein – genauso soll es sein.

Als der Junge ihn hochheben will, gelingt es ihm nicht. „Was ist das?", ruft er erschrocken. „Was ist mit dem Korb los?" „Was soll denn los sein?", fragt der andere. „Ich weiß es nicht. Der Korb ist furchtbar schwer!" „So ein Unsinn!", zischt der Größte. „Er ist ja fast leer, wie soll er da schwer sein?" „Versuch es eben selbst!", mault der andere Junge. „Keine Zeit. Wir sind ohnehin schon spät dran. Lass den Korb hier. Wir bringen die Pilze einfach her und später werde ich den vollen Korb selbst tragen!", erwidert der Größte. Alle drei sammeln Pilze, bis der Korb bis zum Rand gefüllt ist. „So, dann werde ich ihn nun tragen, nachdem keiner von euch stark genug war!", meint der Größte. „Angeber!", flüstert der Zauberer. „Dir werde ich's zeigen!" Und dann schwingt er zum dritten Mal seinen Stab:

Krix, krax, knacks – Zaubern ist ein Klacks.
Spinnenseide, Zauberhaar – der Henkel, der ist nicht mehr da.
Fi, fa, fein – genauso soll es sein.

Schwupps ist der Henkel verschwunden. „Nanu? Wo ist denn der Henkel auf einmal hin? Wie soll ich denn diesen blöden Korb jetzt tragen?" „Das ist Zauberei!", antwortet der Kleine. Da können sich die beiden anderen

vor Lachen kaum halten. „Zauberei gibt es nicht. Das weiß doch jeder!",
rufen sie. Da entdeckt der Kleine eine Schnecke am Boden. Sie glitzert
und trägt ein besonders schönes Schneckenhaus. „Oh!", staunt er und
nimmt das Tier behutsam auf die Hand. „Gib her!", zischt der Große.
„Schnecken sind nur für große Jungs!" Und er nimmt sie ihm einfach
weg. „Jetzt reicht es aber!", schimpft der Zauberer in seinem Versteck.
„So eine Gemeinheit dulde ich nicht länger!" Dann spricht er einen
besonders wirkungsvollen Zauberspruch:

Krix, krax, knacks – Zaubern ist ein Klacks.
Donnergrollen, Kieselsteine – diese Schnecke hat jetzt Beine.
Fi, fa, fein – genauso soll es sein.

Wie der Blitz rennt die Schnecke von seiner Hand und versteckt sich im
Wald. Und die beiden großen Jungs laufen schreiend auf und davon.
„Uh. Ah. Das geht nicht mit rechten Dingen zu!" Da kichert der Kleine:
„Solche Angsthasen. Ich wusste gleich, dass dieser Wald verzaubert ist!"
Auch der Zauberer muss kichern, als er die beiden davonlaufen sieht.
„So kann es gehen, wenn man gemein ist!", sagt er und nimmt seinen
Zauberstab:

Krix, krax, knacks – Zaubern ist ein Klacks.
Spinnenseide, Zauberhaar – schon ist der Henkel wieder da.
Tannenzweige, Tannenduft – dieser Korb sei leicht wie Luft.
Fi, fa, fein – genauso soll es sein.

Als der Junge den Korb daraufhin packt, kann er es selbst kaum glauben.
Er ist leicht wie eine Feder, trotz der vielen Pilze darin. „Es gibt doch
Zauberei! Ich habe es immer gewusst!", sagt er und macht sich lächelnd
auf den Heimweg. Auch der kleine Zauberer ist zufrieden und steckt
seinen Stab ein. Für heute hat er genug gezaubert.

Zauberapfel, Zaubernuss –
mit Zaubern ist für heute Schluss!

Das Vogelkind

Der kleine Zauberer ist im Wald unterwegs, als er ein Geräusch hört. „Piep, piep, piep!" Im Gras sitzt ein kleines Vogelkind. Es ist allein und jammert kläglich. „Oje, du armer Kerl!", sagt der Zauberer und nimmt das Vögelchen in die Hand. „Bist du aus dem Nest gefallen?" Doch er kann kein Vogelnest in den Bäumen entdecken. „Ich werde dich mit nach Hause nehmen und gut für dich sorgen!", beschließt er und spaziert mit dem Vogelkind zurück zum Zauberhaus. Dort angekommen, piepst dieses plötzlich laut: „Piep, piep, piep!" „Hast du Hunger?" „Piep!", erwidert es und sperrt den Schnabel weit auf. Leider weiß der kleine Zauberer nicht, was ein Vogelbaby frisst. Kurzerhand schwingt er seinen Zauberstab und spricht:

Krix, krax, knacks – Zaubern ist ein Klacks.
Sternenstaub und Hexenschuss – ein Kuchen braucht's mit Zuckerguss.
Fi, fa, fein – genauso soll es sein.

Da steht ein köstlicher Kuchen auf dem Tisch. „Hier, für dich!", sagt er und gibt dem Vogel ein Stück davon. Doch dieser rührt den Kuchen nicht an. „Du magst wohl keinen Kuchen. Warte ich habe noch eine Idee!", sagt er und nimmt ein zweites Mal seinen Zauberstab zur Hand:

Krix, krax, knacks – Zaubern ist ein Klacks.
Schwarzer Rabe, weißer Pudel – was ich will, ist eine Nudel.
Zauberwasser, Zauberfisch – viele Nudeln auf den Tisch.
Fi, fa, fein – genauso soll es sein.

Schon steht ein Teller voller Nudeln vor dem Vogel. Doch dieser frisst keine einzige davon. Stattdessen jammert er noch kläglicher als zuvor. „Du magst auch keine Nudeln?", fragt der Zauberer. Ein letztes Mal will er sein Glück versuchen und etwas zaubern, was dem kleinen Vogel bestimmt besser schmecken wird.

So spricht er:

Krix, krax, knacks – Zaubern ist ein Klacks.
Hühnerschnabel, Entenei – schnell ein Eis her, eins, zwei, drei.
Fi, fa, fein – genauso soll es sein.

Da hält er ein Schokoladeneis in der Hand, das er am liebsten selbst verspeisen würde. Aber schließlich hat er es für das hungrige Vogelkind gezaubert. „Hier für dich!" Aber auch an dem Eis findet dieses keinen Gefallen und der kleine Zauberer weiß sich keinen Rat mehr. „Es tut mir leid! Aber ich weiß nicht, was ein Vogelbaby frisst!" Und so bleibt ihm nur eine Möglichkeit: Er muss es in den Wald zurückbringen und die Vogeleltern finden. Schon von Weitem hört er lautes Rufen und Piepsen und dann fliegen zwei große Vögel herbei. Der Zauberer sieht die beiden und weiß genau, dies sind die Vogeleltern. Der Vogelvater trägt einen dicken Wurm und sogleich sperrt das Vogelkind seinen Schnabel weit auf. Ganz offensichtlich schmecken ihm Würmer. Der Zauberer steht daneben und schaut ihnen zu. Vögel mögen Würmer, dies ist der Beweis, und keinen Kuchen, Nudeln oder Schokoladeneis. Die Vogeleltern sind überglücklich und der Zauberer ist es auch. Und eines ist ihm nun ganz klar: Kinder fühlen sich am wohlsten bei Mama und Papa.

Zauberapfel, Zaubernuss –
mit Zaubern ist für heute Schluss!

Der neue Zauberhut

Der kleine Zauberer hat zu seinem vorletzten Geburtstag einen neuen Zauberhut bekommen. Sein Onkel Oskar hat ihm diesen geschenkt. Es ist bei Zauberern Brauch, zum 100. Geburtstag, einen neuen Hut zu bekommen. Leider sind neue Zauberhüte ein wenig eigensinnig, wie der kleine Zauberer bald feststellen wird. Eine ganze Weile liegt der Hut schon in der Kiste, in welche Onkel Oskar ihn verpackt hat. Aber jetzt ist die Zeit gekommen, ihn auszuprobieren. Der Zauberer öffnet die Kiste, nimmt den Hut heraus und setzt ihn auf seinen Kopf. Doch kaum, dass er ihn aufzieht, schwebt der Hut einfach davon. „Halt! Hiergeblieben!", ruft der Zauberer verwundert, versucht es aber ein zweites Mal. Doch der Hut bleibt auch jetzt nicht dort, wo er hingehört. Stattdessen schwebt er vom Kopf des Zauberers herunter und fliegt zum Fenster hinaus. „Stopp!", ruft ihm der Zauberer hinterher. Aber der Hut denkt überhaupt nicht daran. Stattdessen fliegt er in den Wald hinein. Der Zauberer rennt ihm hinterher und entdeckt ihn schließlich auf einem Baum. Er klettert hinauf und zieht an dem störrischen Hut, der sich nach Leibeskräften wehrt. „Du kommst jetzt mit!", brüllt er und zerrt den widerspenstigen Hut vom Baum herunter. Dieser zappelt hin und her und will einfach nicht stillhalten. Trotzdem gelingt es dem kleinen Zauberer, ihn wieder ins Haus zu tragen. Doch als dieser ihn erneut aufsetzt, fliegt der freche Hut einfach zur Zimmerdecke hinauf und bleibt auf dem Kronleuchter sitzen. Der Zauberer ärgert sich. „So ein unverschämter Hut!", schimpft er. „Komm sofort da runter!" Aber der Hut bleibt einfach sitzen und bewegt sich nicht. Da nimmt der Zauberer seinen Zauberstab und spricht:

Krix, krax, knacks – Zaubern ist ein Klacks.
Zauberfee und Zaubertroll – jetzt hab ich die Nase voll.
Zauberwichtel, Zauberbär – Zauberhut, komm sofort her.
Fi, fa, fein – genauso soll es sein.

Doch der Hut bleibt, wo er ist: oben am Kronleuchter. So hat der Zauberer keine andere Wahl, als eine Leiter zu holen, hinaufzuklettern und den frechen Hut selbst herunterzuholen. Als er diesen in den Händen hält, legt er ihn sogleich in eine große Truhe und macht den Deckel zu. „Hier drin bleibst du jetzt erst einmal!", sagt er schnaufend. Aber der Hut macht einen solchen Lärm, dass es nicht zum Aushalten ist. Widerwillig öffnet der Zauberer die Truhe und sperrt den Hut in seinen Schrank. Kaum, dass er dies getan hat, beginnt der Hut ein Riesendurcheinander im Schrank zu machen. Die Zauberumhänge hängen verkehrt herum an den Bügeln, Hosen stecken zwischen Hemden und die Strümpfe sind allesamt verknotet. „Das ist unglaublich!", schimpft der Zauberer verzweifelt. Auf einmal hat er eine Idee. Er will den ältesten und klügsten Zauberer im ganzen Zauberwald aufsuchen: den weisen Valerian. Vielleicht kann er ihm sagen, was zu tun ist. „Du kommst jetzt zurück in deine Kiste. Und dort bleibst du, bis ich wieder da bin!", sagt er, steckt den Zauberhut in seine Kiste und macht sich auf den weiten Weg zu Valerians Zauberhaus.

„Guten Tag!", begrüßt der kleine Zauberer Valerian. „Ich brauche deine Hilfe!" Aufgeregt berichtet er von seinen Schwierigkeiten und der kluge Zauberer antwortet ihm: „Nun, einen neuen Zauberhut muss man erst zähmen, bevor man ihn tragen kann. Das steht in allen schlauen Büchern und ist seit jeher so gewesen. Doch um ihn zähmen zu können, muss man drei Dinge wissen. Zuerst benötigt man Sternenstaub, um ihn zu beruhigen. Der Staub macht ihn müde und er kann nicht mehr so schnell fliegen. Zweitens ist es unerlässlich, den richtigen Zauberspruch zu kennen. Es gibt viele verschiedene, aber nur ein einziger kann den Hut bändigen. Und drittens braucht man viel Geduld. Einen Zauberhut zähmt man nicht von heute auf morgen. Es dauert sehr lange und nicht jedem Zauberer gelingt dies. Aber ich bin mir sicher, dass du es schaffen wirst!" Dann reicht er ihm einen Beutel mit Sternenstaub und flüstert ihm den magischen Zauberspruch ins Ohr. „Geduld musst du selbst mitbringen!", fügt er noch hinzu und schon macht sich der kleine Zaube-

rer auf den Nachhauseweg. Daheim angekommen, holt er den Hut aus der Kiste heraus und streut etwas Sternenstaub über ihn. Und tatsächlich, der Staub zeigt seine Wirkung. Der Hut bleibt regungslos auf dem Tisch liegen. Dann murmelt er den Zauberspruch, den Valerian ihm ins Ohr geflüstert hat:

Krix, krax, knacks – Zaubern ist ein Klacks.
Lieber Hut, ich will dir sagen – solltest du es noch mal wagen,
einfach so davonzufliegen – sei gewiss, ich werd dich kriegen.
Kirschenkern und Kokosnuss – mit dem Fliegen ist nun Schluss.
Fi, fa, fein – genauso soll es sein.

Als Nächstes setzt der kleine Zauberer vorsichtig den Hut auf seinen Kopf und für ein paar Sekunden bleibt er auch darauf sitzen, dann fliegt er wieder davon. Von nun an macht es der Zauberer jeden Tag so: Er streut Sternenstaub auf den Hut, spricht den Zauberspruch und wie Valerian es vorausgesagt hat, klappt es immer besser. Jedes Mal bleibt der Zauberhut länger auf seinem Kopf. Nach vielen Tagen ist der Beutel mit Sternenstaub aufgebraucht. „Oje!", stöhnt der Zauberer. „Der Sternenstaub ist leer!" Zuerst zögert er, doch dann will er etwas versuchen: Er nimmt den Hut und zieht ihn auf, ohne Sternenstaub drüberzustreuen und seinen Zauberspruch aufzusagen. Und es funktioniert. Der Hut bleibt sitzen. Er bewegt sich kein bisschen. „Juhu!", jubelt der kleine Zauberer. „Ich habe es geschafft. Ich habe den Hut gezähmt!" So ist es dem kleinen Zauberer tatsächlich gelungen, mit Sternenstaub, einem magischen Zauberspruch und vor allem, mit viel Geduld, seinen Zauberhut zu zähmen.

Zauberapfel, Zaubernuss –
mit Zaubern ist für heute Schluss!

Der kleinste Zauberer der Welt

Das große Durcheinander

Der Zauberer ist auf dem Weg zu seinem Onkel Oskar. Oskar hat einen riesigen Tierpark, mit Elefanten, Löwen, Affen, Giraffen und anderen Tieren. Doch als der Zauberer bei Oskar ankommt, glaubt er, seinen Augen nicht zu trauen. Im Tierpark herrscht ein heilloses Durcheinander. Die Zebras haben braune Flecken und die Giraffen schwarze Streifen. Löwen turnen in den Bäumen herum, während die Affen faul im Gras liegen und hin und wieder laut brüllen. Schildkröten fliegen durch die Luft, was mit ihren schweren Panzern reichlich komisch aussieht, und Papageien schwimmen im Fluss. Ein Elefant streckt seine Zunge heraus und zischt: „Zzzsch!", während die Schlange plötzlich vier dicke Beine und einen Rüssel hat und trompetend durch das Gras stampft. „Ach du meine Güte! Was ist denn hier passiert?" „Wie gut, dass du kommst!", ruft Oskar. „Ich glaube, ich habe mal wieder die Zaubersprüche verwechselt!" „Das glaube ich auch!" Oskar ist kein besonders guter Zauberer und hin und wieder passieren ihm deshalb kleinere und größere Missgeschicke, wie in diesem Fall. „Kannst du mir helfen?" fragt Oskar. „Das kriegen wir wieder hin!", sagt der kleine Zauberer und holt seinen Zauberstab hervor:

Krix, krax, knacks – Zaubern ist ein Klacks.
Zauberfahrrad, Zauberreifen – nur die Zebras haben Streifen.
Zauberflöhe, Zauberschnecken – Giraffen brauchen braune Flecken.
Fi, fa, fein – genauso soll es sein.

Und schon haben die großen Giraffen ihre braunen Punkte zurück, während die Zebras im Nu wieder schwarz-weiß gestreift sind.

Weiter spricht der Zauberer:
Krix, krax, knacks – Zaubern ist ein Klacks.
Zauberwasser, Zauberglas – Affen in die Bäume und Löwen ins Gras.
Fi, fa, fein – genauso soll es sein.

Da dösen die Löwen wieder friedlich in der Sonne und die Affen turnen in den Bäumen herum. Aber die Arbeit ist noch nicht erledigt und der Zauberer spricht:

Krix, krax, knacks – Zaubern ist ein Klacks.
Kühe, Hasen, wilde Ziegen – nur die Papageien fliegen.
Krötenfuß und Schlangenkuss – Schildkröten schwimmen im Fluss.
Fi, fa, fein – genauso soll es sein.

Schon fliegen die bunten Vögel laut krächzend davon und die Schildkröten schwimmen durchs Wasser. Nun dreht sich der Zauberer zu dem Elefanten um und zaubert weiter:

Krix, krax, knacks – Zaubern ist ein Klacks.
Suppenlöffel, Suppenschüssel – Schlangen haben keinen Rüssel.
Zauberelfe, Zauberwicht – Elefanten zischen nicht.
Fi, fa, fein – genauso soll es sein.

Und siehe da! Mit einem Mal sind die vier Stampfebeine am Schlangenbauch verschwunden und der Elefant hat seinen Rüssel wieder. „Törööööö!", trompetet er lauthals.

Endlich ist es vollbracht. Im Tierpark herrscht wieder Ordnung und die beiden setzen sich zufrieden auf die Veranda. „Danke!", jubelt Oskar. „Und zur Belohnung zaubere ich dir einen leckeren Kuchen!" „Nein!", brüllt der kleine Zauberer, doch da ist es bereits zu spät. Oskar hat schon seinen Zauberstab in der Hand:

Große Käfer, kleine Schnecken –
dieser Kuchen wird gut schmecken.
Schmeckt nach Mandeln, schmeckt nach Nuss –
kriegt noch einen Zuckerguss.
Zuckerguss, den mag ich sehr –
deshalb davon noch viel mehr.

Und dann tropfen auf einmal Unmengen von klebrigem Zuckerguss über die Veranda. Überall läuft die klebrige Masse herunter. Der Tisch und die Stühle kleben, sogar der Boden ist mit einer dicken Schicht

Zuckerguss überzogen. Selbst der Hut des kleinen Zauberers klebt auf dessen Kopf fest. Es ist fürchterlich. „Zu viel Zuckerguss?", fragt Oskar. „Viel zu viel!", erwidert der Zauberer und nimmt seinen Stab, der sich kaum noch schwingen lässt, weil auch er voller Zuckerguss ist, und spricht:

Krix, krax, knacks – Zaubern ist ein Klacks.
Sternenstaub und Zauberwinde –
Zuckerguss ganz schnell verschwinde.
Auf dem Kuchen, gut und fein –
soll nur Schokolade sein.
Ein paar Streusel noch dazu –
ist er fertig jetzt im Nu.
Fi, fa, fein – genauso soll es sein.

Dann endlich steht ein köstlicher Kuchen auf dem Tisch und Onkel Oskar kocht noch einen leckeren Tee dazu, diesmal ganz ohne Zauberei. Und so lassen sich die beiden Kuchen und Tee schmecken und verbringen noch einen wunderschönen Nachmittag zusammen.

Zauberapfel, Zaubernuss –
mit Zaubern ist für heute Schluss!

Der Streit der Hasen

Der kleine Zauberer spaziert über eine Wiese, als er jemanden schimpfen hört. Es sind zwei Hasen: ein kleiner und ein großer. „Du bist doch viel zu langsam und egal ob auf der Wiese, im Wald oder Feld, du bist der langsamste Hase auf der ganzen Welt!", ruft der größere der beiden und lacht. „Das ist nicht wahr!", antwortet der Kleine. „Doch, ist es. Und wenn du mir nicht glaubst, können wir ja ein Wettrennen machen. Dann sehen wir, wer der Schnellste ist! Was hältst du davon?" „Von mir aus!" Und schon hoppeln die beiden los. Der Zauberer bemerkt natürlich sofort, dass der große Hase viel schneller ist. Seine Beine sind länger und kräftiger. Doch es missfällt ihm, dass dieser so gemein zu dem kleinen Hasen ist. Deshalb nimmt er seinen Zauberstab und murmelt:

Krix, krax, knacks – Zaubern ist ein Klacks.
Krötenfuß und Entenbein – im Gras da liegt ein großer Stein.
Fi, fa, fein – genauso soll es sein.

Und plumps, stolpert der große Hase über den Stein. Da er ins weiche Moos fällt, verletzt er sich nicht, aber er ärgert sich über sein Missgeschick. Der Kleine hoppelt an ihm vorbei und gewinnt das Rennen.

„Juhu!", freut er sich. „Ich habe gewonnen!" „Pah! Nur weil ich über diesen blöden Stein hier gestolpert bin. Sonst hättest du verloren!", mault der Große verärgert. „Außerdem kann ich viel höher hüpfen als du. Ich kann ganz leicht über die Holzlatte dort drüben am Weidezaun springen. Du aber bist klein und auch noch dumm, beim Hüpfen fällst du sicher um!" „Das ist nicht wahr!" „Doch, ist es. Und wenn du mir nicht glaubst, können wir ja ein Wettspringen machen. Dann sehen wir, wer höher hüpfen kann! Was hältst du davon?" „Von mir aus!" Der Zauberer kann es kaum mit ansehen, wie gemein der große Hase zu dem kleinen ist. Und so verzaubert er schnell die Latte am Zaun. Gerade als

der große Hase zum Sprung ansetzt, nimmt der Zauberer seinen Stab und spricht:

Krix, krax, knacks – Zaubern ist ein Klacks.
Spinnentier und Borstenschwein – die Latte soll verzaubert sein!
Fi, fa, fein – genauso soll es sein.

Da wird die Holzlatte höher und höher und der große Hase kann es unmöglich schaffen, darüberzuspringen. Er purzelt ins Gras und fällt der Länge nach hin. Der kleine Hase aber springt in die Luft und hüpft mühelos über die Latte hinweg. Kein Wunder, denn der kleine Zauberer hat diese in der Zwischenzeit wieder schrumpfen lassen.

„Juhu!", freut er sich. „Ich habe gewonnen!" „Pah! Irgendetwas stimmt mit diesem blöden Weidezaun nicht. Sonst hättest du verloren! Außerdem habe ich Hunger. Ich werde mir die größte Karotte auf dem ganzen Feld suchen. Die größte und beste, die es gibt. So etwas können nur schlaue Hasen, wie ich einer bin. Du aber bist dumm und klein noch dazu, die kleinste und schäbigste Rübe findest sicher nur du. Und wenn du mir nicht glaubst, können wir ja ein Wettsuchen machen. Dann sehen wir, wer die größte Karotte findet. Was hältst du davon?" „Ich weiß nicht!", sagt der kleine Hase. „Hast du etwa Angst, überhaupt keine Karotte zu finden? Möglich wär's!" und dann hoppelt er davon. „Das ist die größte Frechheit, die ich je gesehen hab, heute und an jedem anderen Tag!", schimpft der Zauberer. Da ruft der große Hase: „Achtung, Kleiner. Was ich jetzt aus der Erde ziehe, ist die größte Karotte, die du je gesehen hast!" Da murmelt der Zauberer:

Krix, krax, knacks – Zaubern ist ein Klacks.
Pferdefuß und Fliegenbein – die Rübe soll verzaubert sein.
Fi, fa, fein – genauso soll es sein.

Und als er die Karotte herauszieht, ist diese weder groß noch schön. Sie ist klein und runzelig und überhaupt nicht lecker. Da schaut der große Hase verdutzt drein. Fast hätte der kleine Hase sogar gelacht. Aber zuerst muss er noch sein Glück versuchen. Er zieht an der erstbesten Rübe die

er finden kann, und siehe da: Sie ist groß und knackig. Richtig lecker sieht sie aus. Da sagt der Kleine: „Oh, die ist ja riesig. Sie ist ohne Frage viel zu groß für mich, drum ist dieses Stückchen hier für dich!" Dann bricht er sie entzwei und schenkt eine Hälfte dem großen Hasen. Dieser weiß gar nicht, was er sagen soll. Er schämt sich. „Es tut mir leid, dass ich so gemein zu dir war!" „Ist schon gut! Jeder macht mal einen Fehler. Ich bin dir nicht böse!" „Danke!", erwidert er und beschließt, von nun an immer nett und freundlich zu sein. Nicht nur heute, sondern tagein und tagaus und der kleine Zauberer geht zufrieden nach Haus.

Zauberapfel, Zaubernuss –
mit Zaubern ist für heute Schluss!

Der kleinste Zauberer der Welt

Mal doch mal …

Von Elfen, Wichteln und Zauberern

Hokus Pokus

Melodie: traditionell, „Auf der Mauer, auf der Lauer" / Text: E. Danner

1. Hokus Pokus, Hokus Pokus – heute wird gezaubert.
   Hokus Pokus, Hokus Pokus – mit dem Zauberstab.
   (pantomimisch einen Zauberstab schwingen)

Refrain:
   Sieh dir mal den Zaubrer an, was er alles zaubern kann.
   Hokus Pokus, Hokus Pokus – so geht Zauberei.

2. Hokus Pokus, Hokus Pokus – alle werden Vögel.
   Hokus Pokus, Hokus Pokus – fliegen froh umher.
   (Arme führen Flugbewegungen aus)

3. Hokus Pokus, Hokus Pokus – alle werden Frösche.
   Hokus Pokus, Hokus Pokus – hüpfen durch das Gras.
   (mit beiden Beinen hüpfen)

4. Hokus Pokus, Hokus Pokus – alle werden Affen.
   Hokus Pokus, Hokus Pokus – klettern sehr geschickt.
   (pantomimisch auf einen Baum klettern)

5. Hokus Pokus, Hokus Pokus – alle werden Riesen.
   Hokus Pokus, Hokus Pokus – werden riesengroß.
   (auf Zehenspitzen laufen, dabei die Arme hoch in die Luft strecken)

6. Hokus Pokus, Hokus Pokus – alle werden Zwerge.
   Hokus Pokus, Hokus Pokus – werden klitzeklein.
   (sich ducken und laufen)

7. Hokus Pokus, Hokus Pokus – alle werden müde.
   Hokus Pokus, Hokus Pokus – schlafen ganz schnell ein.
   (gähnen, sich recken und strecken)

Der kleinste Zauberer der Welt

Spiel doch mal …

Der magische Zaubereimer

Das brauchen Sie: 5-Liter-Eimer (z. B. Popcorneimer), (alte) Kinderstrumpfhose, Schere, Glitzerfolie, diverse Alltagsgegenstände (z. B. Löffel, Ball, Baustein, Buntstift, Pinsel, Radiergummi, Murmel …)

Vorbereitung: Bekleben Sie den Eimer mit der Glitzerfolie und legen Sie die Alltagsgegenstände hinein. Schneiden Sie von den Strumpfhosenbeinen so viel ab, dass noch ca. 20 cm übrig bleiben, und stülpen Sie die Strumpfhose über den Eimer.

So wird gespielt: Die Kinder sitzen im Kreis, der Eimer steht in der Mitte und Sie erzählen folgende Geschichte:

„Der kleine Zauberer wollte beim Aufräumen helfen und sprach einen magischen Zauberspruch, um alle Gegenstände in ihre Regale und Schubladen einzusortieren. Leider war es nicht der richtige und alle Sachen sind in dem Eimer gelandet. Gemeinsam wollen wir herausfinden, was er dort hineingezaubert hat."

Nun geht der Eimer reihum. Jedes Kind greift durch die abgeschnittenen Strumpfbeine hinein und versucht, durch Tasten herauszufinden, um welchen Gegenstand es sich handelt. Zuvor sprechen alle zusammen folgenden Vers:

„Denk mal nach und fass hinein – was könnte in dem Eimer sein?"

Das Kind zieht den Gegenstand mit diesem Spruch heraus:

„Es ist kein Hund und keine Maus – ich hole eine/n .... heraus!"

Wurde der Gegenstand richtig benannt, darf das Kind ihn behalten, wenn nicht, verschwindet er wieder im Eimer. Es wird so lange gespielt, bis der Zaubereimer leer ist.

Das Geheimnis der Nüsse

Tief im Wald in einem winzigen Häuschen wohnt der Wichtel Purzel. Er trägt eine rote Mütze und grüne Hosen und vor seinem Haus hat er ein Gemüsebeet angelegt. Karotten, Kräuter und Salat wachsen dort. Doch Purzel pflanzt das Gemüse nicht nur für sich allein an. Es gibt nämlich noch jemanden, der in dem kleinen Häuschen lebt. Es ist der Hase Krümel. Krümel und Purzel sind die besten Freunde und jeden Tag gemeinsam im Wald unterwegs. Seit ein paar Tagen bemerken die zwei jedoch etwas höchst Eigenartiges: Auf dem Waldweg liegen Nüsse herum. Mitten auf dem Weg. Dabei ist gar kein Strauch mit Nüssen zu sehen. „Sieh mal Purzel!", wundert sich der Hase. „Hier liegen schon wieder Nüsse!" „Ja, ich habe sie auch gesehen. Dabei wächst hier gar kein Nussbaum!", antwortet der Wichtel. „Das ist wirklich sehr seltsam!"

Als die beiden am nächsten Tag wieder unterwegs sind, machen sie eine erstaunliche Entdeckung. „Purzel!", ruft der Hase aufgeregt. „Sieh doch! Die Nüsse sind ja geknackt!" Und tatsächlich, auf dem Boden liegen viele zerbrochene Nussschalen. „Oh!", lacht der Wichtel. „Das ist ja toll. Ich mag Nüsse sehr gern und jetzt muss ich sie nicht einmal mehr knacken und kann sie einfach essen! Und offensichtlich gehören sie auch niemandem, sonst würden sie wohl kaum auf dem Boden verstreut herumliegen!", ist er sich sicher. Doch gerade als Purzel sich bückt, um eine Nuss zu verspeisen, raschelt es im Gebüsch und ein Rabe kommt auf die beiden zugeflogen. „Nein!", krächzt er lauthals. „Bitte nicht wegnehmen. Das sind meine Nüsse. Ich habe sie absichtlich auf den Boden gelegt!" Purzel und Krümel schauen den Vogel verwundert an. „Aber warum tust du das denn?", will der Wichtel wissen. „Ich mache das, weil ich die Nüsse selber nicht knacken kann. Ihre Schale ist einfach zu hart für meinen Schnabel!", erklärt der Rabe. „Dabei esse ich sie doch so gern. Aber ich habe beobachtet, dass manchmal Menschen hier auf dem Weg spazieren. Und wenn sie mit ihren Füßen auf meine Nüsse treten, dann

zerbrechen die harten Nussschalen und ich muss nur noch vom Baum herunterfliegen und die Nüsse aufpicken!", berichtet der Vogel. „Das ist wirklich eine gute Idee. Weil du die Nüsse selber nicht knacken kannst, überlässt du anderen diese Aufgabe. Du bist ein kluger Vogel!", lobt Purzel ihn. „Und wir haben uns schon gewundert, warum jemand überall auf dem Waldboden Nüsse verteilt!", lacht Krümel. „Jetzt kennt ihr das Geheimnis!", krächzt der Rabe. „Dann lass dir deine Nüsse schmecken!", ruft Purzel ihm zu. „Wir machen uns jetzt auf den Heimweg!"

Als die zwei am anderen Morgen das Haus verlassen, finden sie drei Nüsse vor dem Wichtelhaus. Sie haben keine Schale mehr und Purzel kann sie einfach aufheben und essen. „Von wem die wohl sind?", schmunzelt Krümel. „Keine Ahnung!", lacht der Wichtel und lässt sich die köstlichen Nüsse schmecken. Denn natürlich wissen sie, dass dieses kleine Geschenk von dem netten Raben stammt, der seine Nüsse auf dem Waldboden verteilt, damit die Menschen sie für ihn knacken …

Die unheimliche Höhle

Purzel und Krümel haben im Wald eine Höhle entdeckt. „Oh!", staunt der Wichtel. „Was könnte da nur drin sein?" „Hmm!", überlegt Krümel. „Womöglich ein Schatz!" „Lass uns nachsehen!", antwortet Purzel. Langsam hoppelt Krümel hinter seinem Freund her. Nach einer Weile haben sie die gesamte Höhle unter die Lupe genommen, aber einen Schatz haben sie nicht gefunden. „Sie ist leer!", sagt Krümel enttäuscht. „Ja, hier ist wohl doch kein Schatz versteckt! Lass uns gehen." Doch genau in diesem Augenblick schaut der Hase zur Höhlendecke hinauf und beinahe bleibt ihm vor Schreck das Herz stehen. „P-P-Purzel!", stottert er. „Was ist?" Aber Krümel antwortet nicht. Da blickt auch der Wichtel hinauf und dann sieht er es: Überall an der Decke sitzen unheimliche schwarze Tiere. Das heißt, eigentlich sitzen sie nicht, sondern hängen von der Decke herunter. Sie haben gefährlich aussehende Krallenfüße, mit denen sie sich festhalten. „Was ist das?", stammelt Krümel. „Ich weiß nicht. Sie sehen aus wie Mäuse mit viel zu großen Ohren!" „Aber Mäuse hängen nicht verkehrt herum an der Decke!", meint der Hase. „Außerdem haben sie niemals solche schrecklichen Klauen an ihren Füßen!" „Vielleicht sind es Deckenmäuse oder Höhlenratten!", vermutet Purzel. „Gibt es so etwas?" „Eher nicht. Ich habe solche Tiere noch nie gesehen und weiß auch nicht, wie man sie nennt!" „Hoffentlich beißen sie nicht. Oder kratzen uns mit ihren scharfen Krallen!"

„Ach herrje!", ruft auf einmal eine Stimme. „Man kann nicht einmal in Ruhe schlafen! Wer macht denn einen solchen Lärm mitten am Tag?" Und dann fliegt eines der Tiere auf die beiden zu. „Schnell, duck dich!", brüllt Purzel und die zwei legen sich flach auf den Boden. „Was macht ihr denn da?", fragt das Tier. „Warum liegt ihr auf dem kalten Höhlenboden?" Purzel hebt den Kopf und schaut dem Tier ins Gesicht. Es hat viele spitze Zähne im Mund. „Bitte nicht beißen!", ruft er. „Warum sollte ich euch beißen? Vielleicht weil ihr mich beim Schlafen gestört habt?"

„Entschuldige, bitte. Das wollten wir nicht. Wir haben nicht gesehen, dass jemand an der Decke hängt", meint Purzel. „Ich werde euch nicht beißen!", kichert das Tier. „Versprochen! Wir hängen jeden Tag an der Decke, das tun Fledermäuse so." „Federmäuse?", ruft Krümel, „aber du hast doch gar keine Federn!" „Fledermäuse. Man nennt uns Fledermäuse, nicht Federmäuse! Die Höhle ist unser Zuhause. Wir verbringen den ganzen Tag hier. Erst abends fliegen wir nach draußen!" „Und ihr hängt immer verkehrt herum an der Decke? Wird euch da nicht schwindelig?" „Nein!", lacht die Fledermaus. „Unsere Krallenfüße halten uns gut fest. Jetzt werde ich wieder nach oben fliegen. Ich bin müde. Gute Nacht!" „Gute Nacht und entschuldige bitte die Störung!" ruft Purzel ihr hinterher. „Kannst du dir vorstellen, so zu schlafen?", fragt Krümel. „Nein. Aber Wichtel hängen ja auch nicht von der Decke!", lacht dieser. „Stimmt. Und Hasen auch nicht!" Und dann machen sich die beiden auf den Heimweg.

Der Waldwichtel Purzel

Die geheimnisvolle Wurzel

Purzel und Krümel machen einen Ausflug zum See. Vom langen Wandern müde, setzen sie sich auf einen Baumstamm am Ufer, um sich auszuruhen. Da bemerken sie etwas Seltsames. „Sieh mal, Krümel! Da schwimmt eine eigenartige Wurzel im Wasser!" „Tatsächlich!", staunt der Hase. Ganz in der Nähe des Ufers ragt eine riesige Wurzel aus dem See. „Die sieht komisch aus!", meint Krümel. „Mal sehen, ob ich sie rausziehen kann!", sagt der Wichtel und packt die Wurzel. Doch genau in diesem Augenblick steigen sonderbare Bläschen an die Oberfläche des Sees. „Nanu?", wundert sich Purzel. „Was sind denn das für Blubberblasen?" Neugierig betrachten die zwei, wie immer mehr Blasen aufsteigen und zerplatzen. „Vielleicht ist es ein Fisch, der diese Blasen macht!", vermutet Krümel. Purzel sieht ihn an und schüttelt den Kopf. „Hast du schon mal einen Fisch gesehen, dem eine Wurzel auf dem Kopf wächst?", fragt er. Krümel überlegt. „Nein, eigentlich nicht!", muss er zugeben. „Vielleicht sitzt jemand im See und pupst!", ruft er dann. Der Wichtel sieht ihn ungläubig an. „Wer sollte denn im See sitzen und pupsen?" „Ich weiß doch auch nicht ..." und genau in diesem Moment wirft der See Wellen auf und unzählige Blubberblasen steigen auf. „Da bewegt sich was!", ruft Krümel. „Die Wurzel kommt aus dem Wasser raus!", brüllt Purzel und beide springen erschrocken zurück.

Dann glauben sie, ihren Augen nicht zu trauen. Die Wurzel erhebt sich aus dem See und ein Kopf kommt zum Vorschein. Dieser hat zwei Augen und einen Mund, aus dem grüne Blätter hängen. Und dann kommt ein sonderbares Tier geradewegs auf die beiden zu. Es hat vier Beine und ist von Kopf bis Fuß braun. „Hallo!", ruft es, während die Blätter kauend in seinem Mund verschwinden. „Wer seid ihr?" „Ich heiße Purzel und das ist Krümel!", stammelt der Wichtel. „Wer bist denn du? Und warum wächst dir eine Wurzel auf dem Kopf!" „Ich bin ein Elch! Und auf meinem Kopf wächst keine Wurzel, sondern ein Geweih!"

Von Elfen, Wichteln und Zauberern

„Wohnst du in dem See?", fragt Krümel. „Nein! Ich habe nach Wasserpflanzen getaucht. Die schmecken lecker!", erklärt der Elch. „Ach so!", schmunzelt Purzel. „Krümel dachte schon, du wärst ein Fisch!" „Ich bin kein Fisch!", lacht der Elch. „Doch ich kann ziemlich lange im See schwimmen, denn ich habe ein dickes Fell, das mich im kalten Wasser wärmt. Aber jetzt habe ich genug gegessen. Auf Wiedersehen!", sagt der Elch und trottet davon. „Puh!", schnauft Krümel. „Bestimmt ist seine Wurzel ziemlich schwer!" „Geweih! Es heißt Geweih, Krümel. Aber du hast recht. Es ist sicher schwer. Da bin ich froh, dass ich nur meine Wichtelmütze mit mir herumtrage!" „Stimmt!", kichert der Hase. „Außerdem würde ein Wichtel mit einem Geweih auf dem Kopf auch komisch aussehen!" Und dann fügt er schmunzelnd hinzu: „Deshalb haben Wichtel Wichtelmützen und Elche Wurzeln!"

Der Sonnenaufgang

Es ist früh am Morgen. Purzel und Krümel sind schon aufgestanden, um sich den Sonnenaufgang anzuschauen. „Bist du so weit?" „Von mir aus kann es losgehen!", antwortet der Hase und hoppelt fröhlich zur Tür hinaus. Es ist so früh, dass es ganz still ist vor dem kleinen Wichtelhäuschen. Die Tiere des Waldes schlafen noch und die zwei marschieren gut gelaunt durch den Wald auf der Suche nach einem geeigneten Platz. Bald haben sie eine schöne Stelle entdeckt. Sie legen sich ins weiche Moos und blicken zum Himmel. Doch plötzlich fliegt irgendetwas über ihre Köpfe hinweg. Blitzschnell, wie ein unheimlicher Schatten. „Uah!", brüllt der Wichtel und auch Krümel springt erschrocken auf. „Nicht erschrecken!", ruft ihnen jemand zu. „Bitte habt keine Angst!" Und dann schwebt eine Spinne ganz nahe an die beiden heran. „Ich wollte euch keine Angst einjagen. Entschuldigung!" „Schon gut!", antwortet Purzel, nachdem er den ersten Schreck überwunden hat. „Ich hatte nur keine Ahnung, dass Spinnen fliegen können!" „Fliegen?", fragt diese verwundert, „wie kommst du denn darauf, dass wir fliegen können?" „Na, du bist doch eben über unsere Köpfe geflogen, ohne dass deine: eins, zwei, drei ..." Dann macht er eine Pause und zählt die übrigen Beine der Spinne. „... vier, fünf, sechs, sieben, acht – herrje, hast du viele Beine!", stellt er daraufhin fest, „... ohne dass deine acht Beine den Boden berührt haben. Du musst also fliegen können!" „Du bist lustig!", kichert die Spinne. „Spinnen können nicht fliegen. Schließlich haben wir keine Flügel. Aber wenn ihr wollt, verrate ich euch mein Geheimnis." „Ja, bitte!", sagt Purzel. „Das Besondere ist mein langer, dünner Faden. Seht her!" Und zum Beweis schaukelt die Spinne daran hin und her. „Du hängst an einem Spinnenfaden!", staunt der Hase. „Das ist toll. Und es sieht aus, als würdest du fliegen, weil man den Faden kaum sieht." „Ja und Netze bauen kann ich damit auch!" „Was machst du denn mit einem Netz?" „Ich wohne darin!" „In einem Netz?", wundert Krümel sich. „Ja. Es ist mein Zuhause. Wo wohnt ihr denn?" „Na in einem Haus. In einem

Wichtelhaus. Alle Wichtel tun das!", antwortet Purzel. „Und Spinnen leben in Netzen! Deshalb nennt man sie ja Spinnennetze! Wenn ihr wollt, zeige ich euch, wie ich es baue!" „Gern!", antwortet Purzel. Sofort beginnt die Spinne, ihren Faden zwischen die Gräser und Blumen zu spannen. Hin und her und her und hin. Schnell krabbeln ihre acht Beinchen von einer zur anderen Seite und nach einer Weile hängt ein großes Netz über den beiden. „Fertig! Gefällt es euch?" „Und wie!", staunt Krümel. „Es ist wunderschön!", lobt auch Purzel das tolle Netz. „Was macht ihr denn so früh am Morgen hier?" „Wir wollen uns den Sonnenaufgang ansehen!" „Das ist eine gute Idee. Es kann nicht mehr lange dauern, bis es so weit ist. Darf ich euch Gesellschaft leisten?" „Sicher!", erwidert Purzel. Und dann setzt sich die Spinne zu den beiden ins Moos und gemeinsam schauen sie zum blauen Himmel, an dem langsam die helle Sonne aufgeht ...

Der Leuchtpunkt

Es ist spät am Abend und Purzel und Krümel wollen zu Bett gehen. Draußen scheint der Mond und Sterne funkeln am dunklen Himmel. „Uah!", gähnt der Wichtel. Doch als er das Fenster schließen will, bemerkt er etwas höchst Eigenartiges. „Krümel!", flüstert er. „Was ist los? Warum flüsterst du?" „Komm mal her. Ich möchte dir etwas zeigen!" Leise hoppelt der Hase ans Fenster und entdeckt einen kleinen, leuchtenden Punkt, der sich hin und her bewegt. „Was ist das?", will Krümel wissen. „Ich weiß nicht!" Dann fliegt der helle Leuchtpunkt ganz nah an die zwei heran und beinahe können sie ihn sogar berühren. Doch als Purzel seine Hand ausstreckt, saust das Licht davon. Jetzt sind Hase und Wichtel nicht mehr zu halten. Aufgeregt stürmen sie zur Tür hinaus, dem Lichtpunkt hinterher. Sie laufen tief in den Wald hinein, bis ihre Beine sie kaum noch tragen können. Irgendwann haben sie ihn jedoch eingeholt. Mitten auf einem kleinen Strauch sitzt er und leuchtet. Purzel bückt sich, um das sonderbare Licht genauer betrachten zu können. Jetzt erst sieht er, dass es ein kleines Tierlein ist, welches da sitzt und leuchtet.

„Hallo!", flüstert Purzel. Das Tier schaut den Wichtel an. „Hallo!", erwidert es. „Was bist du für ein Geschöpf? Du leuchtest wie ein kleiner Stern!" „Ich bin ein Glühwürmchen!" „Ein Glühwürmchen?", wiederholt der Hase. „Ich kenne Würmer. Sie sind lang und dünn und leben in der Erde. Aber sie können nicht fliegen und schon gar nicht leuchten. Außerdem haben sie keine Beine so wie du. Du bist kein Wurm! Da bin ich mir sicher!" Jetzt muss das Glühwürmchen lachen. „Hi, hi!", kichert es, „du bist ein schlauer Hase. Und du hast recht. Ich bin kein richtiger Wurm, sondern vielmehr ein Käfer!" „Dann müsstest du besser Glühkäferchen heißen!", meint der Wichtel. „Aber sag mal, wie stellst du es an, so zu leuchten?" „Das ist leicht. Seht her!" Eilig wackelt das Glühwürmchen mit seinem Popo hin und her und schon leuchtet es. „Oh!", staunt Purzel. „Das ist toll. Ich will es auch versuchen!" Dann bewegt der Wichtel

seinen Popo hin und her und Krümel macht es ihm nach. Es sieht ziemlich lustig aus, wie die beiden da im Wald stehen, als würden sie tanzen. Aber ganz gleich, wie sehr sie sich auch anstrengen, sie schaffen es nicht, zu leuchten. Nicht mal ein bisschen. „Es klappt nicht!", stellt Krümel fest. „Bei mir auch nicht!" „Ich glaube, das liegt daran, dass nur Glühwürmchen leuchten können! Wichtel und Hasen haben nun mal keinen Leuchtpopo!", meint der Hase. „Schade!", sagt Purzel, „so hätten wir immer ein Licht dabei, wenn es dunkel ist! So wie jetzt!" Inzwischen ist es so finster geworden, dass sie kaum noch etwas sehen können. „Wir waren so in Eile, dich einzuholen, dass wir unsere Laterne vergessen haben!" „Wenn ihr wollt, bringe ich euch nach Hause. Ich leuchte euch den Weg!" Und so bringt das Glühwürmchen, das eigentlich ein Glühkäfer ist, die beiden zum Wichtelhaus zurück, ehe es wieder in die dunkle Nacht hinausfliegt. Schon praktisch, so ein Leuchtpopo ...

Der Waldwichtel Purzel

Der Schneckenstreit

Es ist früh am Morgen. Die ganze Nacht hat es geregnet und vor dem Wichtelhaus ist lautes Geschrei zu hören. „Das ist überhaupt nicht wahr!", brüllt jemand. „Doch ist es!", zischt ein anderer. „Ich werde nach draußen gehen und nachsehen, wer einen solchen Lärm veranstaltet!", sagt Purzel. „Sieh dich doch an!", ruft die Stimme. „Sieh dich doch selber an!", meckert die andere. Das Gezanke kommt aus dem Gemüsegarten. Als Purzel davorsteht, sieht er endlich, wer da so lautstark schimpft. Auf der Erde sitzen zwei Schnecken. Die eine trägt ein Schneckenhaus. Die andere nicht. Und beide mögen sich offensichtlich nicht besonders, denn sie streiten sich unentwegt.

„Hallo!", sagt Purzel. „Entschuldigt, dass ich euch störe! Aber ich höre euch schon die ganze Zeit über streiten und wollte fragen, was los ist?" „Was los ist?", zischt die Schnecke mit dem Schneckenhaus. „Ich werde dir sagen, was los ist. Mein Name ist Ursula und eine richtige Schnecke braucht ein Schneckenhaus!" Da meckert die andere: „Ich habe zwar kein Haus, dennoch bin ich eine Schnecke. Mein Name ist Luise. Wer braucht schon ein Schneckenhaus?" „Jede vernünftige Schnecke braucht eines!", mault Ursula und fährt fort, „wir Schnecken mögen die Sonne nicht. Sie trocknet uns aus. Wenn man aber ein Schneckenhaus hat, kann man sich einfach darin zurückziehen und warten, bis die Sonne verschwunden ist. Deswegen braucht eine Schnecke ein Haus! Das ist doch sonnenklar!" „Braucht sie nicht!", zischt Luise. „Ohne Haus ist man viel schneller, weil man nichts mit sich herumtragen muss. Und bei Sonnenschein verstecke ich mich in feuchten, engen Spalten. Wenn ich ein Haus hätte, würde ich in den engen Gängen ja stecken bleiben. Also wie du siehst, braucht eine Schnecke gar kein Haus!" „Doch sie braucht eines! Wenn ein Vogel kommt, der mich fressen will, krabble ich einfach in mein Haus und er kriegt mich nicht!" „Pah! Dafür brauche ich doch kein Haus. Ich schmecke Vögeln gar nicht." Nun schaltet sich Purzel ein:

„Ein Haus ist wirklich praktisch und es sieht auch sehr schön aus, aber ohne Schneckenhaus ist man schneller und kann sich prima in Löchern und Spalten verstecken. Eigentlich ist es egal, wie man aussieht. Wichtig ist, dass man glücklich ist und sich am Leben freut. Und wenn ich euch eine Freude damit machen kann, schenke ich euch einen leckeren Salat aus meinem Garten, den mögen doch Schnecken, oder?" „Ja!", rufen die beiden. Und zum ersten Mal sind sie sich einig und streiten nicht mehr miteinander. Sie kriechen zu einem großen Salatkopf und knabbern daran. Purzel geht zurück ins Haus. „Und?", fragt Krümel. „Wen hast du entdeckt?" „Zwei Schnecken!" „Zwei Schnecken?" „Ja. Aber jetzt lass uns erst etwas essen. Dann erzähle ich dir alles!" Und Ursula und Luise? Die sitzen zufrieden auf ihrem Salatkopf und haben endlich keinen Grund mehr, sich zu streiten. Und das ist doch ohnehin viel schöner.

Das merkwürdige Erdloch

Purzel und Krümel haben im Wald ein seltsames Erdloch entdeckt. „Was, denkst du, ist darin?", will Purzel wissen. „Nichts!", sagt Krümel. „Es ist nur ein Loch!" Doch der Wichtel streckt seinen Kopf hinein. „Hallo!", ruft er. Aber niemand antwortet. „Da ist niemand drin!" „Da muss jemand drin sein. Hallo!", ruft er, dieses Mal etwas lauter. Doch im Erdloch bleibt es still. „Lass uns nach Hause gehen, anstatt in leere Löcher hineinzurufen!", sagt Krümel. Da streckt Purzel erneut seinen Kopf in die Öffnung und brüllt so laut er kann: „Hallo!" In diesem Augenblick ist eine aufgebrachte Stimme zu hören: „Das ist ja nicht zu fassen! So eine Unverschämtheit!", schimpft es aus dem Erdloch heraus. Purzel zieht erschrocken seinen Kopf heraus und Krümel versteckt sich im Gebüsch. Da schaut ein sonderbares Tier aus dem Loch heraus. Es hat eine lange Schnauze, kleine Augen und winzige Ohren. Und es ist verärgert.

„Was soll denn das?", mault das Tier und klettert aus dem Loch heraus. „Du hast aber lustige Haare an deinem Bauch!", sagt Purzel. „Das sind keine lustigen Haare. Das sind Stacheln! Außerdem habe ich gerade geschlafen, als du wie verrückt in meine Höhle gebrüllt hast! Dabei scheint die Sonne noch. Warum weckst du mich am hellen Tag?" „Du schläfst am Tag?", fragt Purzel. „Natürlich! Ich mag die Sonne nicht. Ich schlafe immer am Tag und komme erst nachts heraus. So wie Igel das nun mal tun!" „Du bist also ein Igel!" „Ja, das sieht man doch!" „Warum hast du denn so viele Stacheln?" „Ich brauche sie …" Doch noch ehe der Igel zu Ende sprechen kann, raschelt es im Gebüsch. Sofort rollt er sich zusammen und bleibt als runde Stachelkugel im Gras liegen. „Was machst du denn da?", fragt Purzel. „Da ist jemand! Du solltest lieber weglaufen. Irgendjemand versteckt sich im Gebüsch." „Das ist nur Krümel. Krümel, du kannst rauskommen." Da hoppelt der Hase aus seinem Versteck heraus und betrachtet neugierig die stachelige Kugel. „Was ist

das?", will er wissen. „Das ist ein Igel!" „Hat der Igel keinen Kopf?", fragt Krümel. „Natürlich hat er einen Kopf". Da rollt der Igel sich auseinander und sein Gesicht kommt wieder zum Vorschein. „Wie hast du das gemacht?", fragt Krümel. „Ich will mich auch so zusammenrollen können!" Und dann versucht er, sich zu einer Kugel zu formen. Aber seine Beine sind zu lang und seine großen Ohren hängen seitlich heraus. „Es klappt nicht!" „Du bist ja auch kein Igel! Du kannst bei Gefahr einfach davonhüpfen. Aber meine Beine sind kurz und ich bin viel zu langsam, als dass ich weglaufen könnte. Deshalb rolle ich mich zu einer Kugel zusammen. Und meine spitzen Stacheln schützen mich! Aber wie ich bereits sagte, schlafen Igel am Tag. Also wenn ihr mich jetzt entschuldigen würdet, ich bin müde!", gähnt er und verschwindet wieder in seinem Erdloch. „Gute Nacht. Und entschuldige bitte, dass ich dich geweckt habe!", ruft Purzel ihm hinterher. Dann bedecken die beiden das Erdloch mit Blättern, damit der Igel seine Ruhe hat, und machen sich auf den Heimweg.

Frühjahrsputz

"Purzel! Das musst du dir ansehen!", ruft Krümel. "Was denn? Wo kommst du überhaupt her?" "Ich war im Wald und da habe ich gesehen, wie jemand einen riesigen Haufen Moos und Blätter aus einer Höhle herauswirft!" "Wer wirft etwas aus einer Höhle?" "Wer es ist, weiß ich nicht. Er ist ja in der Höhle drin. Ein furchtbares Durcheinander ist das!" "Aber das geht doch nicht!", sagt Purzel empört. "Sag ich doch. Komm mit. Ich zeig es dir!" Sofort machen sich die zwei auf den Weg. Da flüstert Krümel: "Gleich da vorn ist die Höhle!" Leise schleichen sie sich näher heran und dann sieht Purzel den riesigen Haufen. Direkt vor dem Eingang einer Erdhöhle türmen sich Blätter, Moos und Gras. Purzel geht näher heran, als ihm plötzlich Moos ins Gesicht fliegt. "Igitt!", schimpft er, denn das Moos ist alt und riecht muffig. Zum Glück ist es wenigstens weich. "Hey!", ruft er, als ihm bereits eine Ladung Gras um die Ohren fliegt. Der Wichtel schaut zu Krümel hinüber, der sich etwas abseits der Höhle aufhält. Doch als dieser seinen Freund sieht, mit all dem Gras auf dem Kopf, muss er lachen. "Du siehst aber komisch aus! Grüne Haare stehen dir wirklich gut!" "Das ist nicht witzig!", ärgert sich Purzel.

Dann hören sie auf einmal jemanden singen. *"Frühjahrsputz, Frühjahrsputz, heute mach ich Frühjahrsputz. Die Höhle, die soll sauber sein, das finde ich ganz fein. La, la ..."* erklingt es. Und dann kommt ein sonderbares Tier aus der Höhle. Es singt und wackelt dabei mit dem Po. Als es die beiden sieht, bleibt es stehen und schaut sie an. "Wenn ihr beim Saubermachen helfen wollt, seid ihr leider zu spät. Ich bin fertig!" "Eigentlich wollten wir fragen, warum du all die Sachen hier in den Wald wirfst? Wer bist du überhaupt?" "Ich bin ein Dachs. Und warum ich die Sachen aus der Höhle werfe? Riecht doch mal daran! Die muffeln doch. Wer will schon muffelnde Pflanzen in seinem Zuhause?" "Danke, das Riechen erspare ich mir. Schließlich hast du mir vorhin schon eine ganze Ladung davon ins Gesicht geworfen!", sagt Purzel. "Das tut mir leid. Das wollte ich

nicht!" Der Dachs hat ein silbergraues Fell und sein Gesicht ist weiß mit schwarzen Streifen. Oder schwarz mit weißen Streifen. Das ist schwer zu sagen. „Den ganzen Winter habe ich in meiner Erdhöhle verbracht! Damit es dort gemütlich ist, habe ich mir im letzten Jahr alles bequem gepolstert. Mit Gras, Moos und Blättern. Aber inzwischen riecht es nicht mehr gut, weil es alt ist. Und weil heute so ein schöner Tag ist, dachte ich mir, es wird Zeit, meine Höhle zu putzen, um frisches Gras und duftendes Moos hineinzulegen!" „Und was machst du mit dem Haufen hier?" „Den vergrabe ich. Mit meinen kräftigen Grabepfoten ist das ganz leicht! Und wenn meine Höhle fertig ist, könnt ihr mich ja besuchen kommen. Ich verspreche, auch nicht mit Moos zu werfen!" Dann verschwindet er singend in seiner Höhle. *„Frühjahrsputz, Frühjahrsputz, heute mach ich Frühjahrsputz. Das alte Gras vergrabe ich, denn es riecht fürchterlich. La, la ..."*

Der Waldwichtel Purzel

Mal doch mal …

Von Elfen, Wichteln und Zauberern

Sing doch mal ...

Steht der Wichtel morgens auf

Melodie: traditionell, „Wenn du glücklich bist" / Text: E. Danner

Führen Sie das Lied als Bewegungsspiel durch, indem Sie es mit den entsprechenden Bewegungen begleiten.

1. Tief im Wald, da steht ein winzig kleines Haus,
   darin ist der kleine Wichtel ja zu Haus.
   Steht der Wichtel morgens auf, macht er erst mal Dauerlauf.
   Jeden Morgen immer pünktlich früh um acht.

2. Jeden Morgen streckt er Arm und Beine aus,
   beugt die Knie vor seinem kleinen Wichtelhaus.
   Steht der Wichtel morgens auf ...

3. Jeden Morgen hüpft der Wichtel auf und ab,
   dabei macht er auch so schnell nicht wieder schlapp.
   Steht der Wichtel morgens auf ...

4. Jeden Morgen dreht der Wichtel sich im Kreis,
   klatscht in die Hände, manchmal laut, manchmal leis.
   Steht der Wichtel morgens auf ...

5. Jeden Morgen stampft der Wichtel, das macht Spaß.
   Dabei kitzelt er sich noch an seiner Nas.
   Steht der Wichtel morgens auf ...

6. Ja, so wird der kleine Wichtel morgens fit
   und die Kinder auch, denn alle machen mit.
   Steht der Wichtel morgens auf ...

Der Waldwichtel Purzel

Im Wald lebt ein Dachs

Dieser rhythmische Sprechvers wird auch als solcher gesprochen und mit den angegebenen Bewegungen begleitet.

1. Im Wald lebt ein Dachs. Im Wald lebt ein Dachs.
   Hat keine Zeit, sich auszuruhn, er hat noch viel zu tun.
   (alle sitzen auf dem Boden)

2. Im Wald gräbt der Dachs. Im Wald gräbt der Dachs,
   für sich und seine liebe Frau, einen großen, tiefen Bau.
   (mit den Händen Grabbewegungen ausführen)

3. Im Wald sucht der Dachs. Im Wald sucht der Dachs,
   nach Gras und Moos und Blättern schön, dann hat er es bequem.
   (im Kreis laufen, mit der Hand die Augen beschatten)

4. Der Dachs passt nicht auf. Der Dachs passt nicht auf.
   Er sieht ihn nicht, den kleinen See, und plumpst hinein, oh weh!
   (mit einem Satz in die Kreismitte hüpfen/sich hinsetzen)

5. Der Dachs ist jetzt nass. Der Dachs ist jetzt nass.
   Er schüttelt hin und her sein Fell, schon trocknet es ganz schnell.
   (aufstehen und sich hin und her schütteln)

6. Der Dachs ist jetzt müd. Der Dachs ist jetzt müd.
   Er stapft hinein in seinen Bau, dort wartet seine Frau.
   (langsam im Kreis stapfen/gähnen)

7. Im Wald schläft der Dachs. Im Wald schläft der Dachs.
   Er legt sich hin und schläft bald ein und träumt vom Glücklichsein.
   (sich hinlegen, Augen schließen, schnarchen)

Der geheimnisvolle Schatz

Tief im Meer leben wundersame Geschöpfe, die kein Mensch je gesehen hat. Eines davon ist Wuschel. Wuschel ist ein Wasserkobold, mit grünen Haaren, blauen Augen und lustigen, spitzen Ohren. Wasserkobolde sind sehr selten und deshalb ist es auch nicht verwunderlich, dass Wuschel der einzige weit und breit ist. Oft fühlt er sich einsam. Er wünscht sich so sehr, einen Freund zu finden, mit dem er spielen oder um die Wette schwimmen kann. Aber das wird wohl für immer ein Traum bleiben. Sein Zuhause ist eine große Muschel am Grunde des Meeres, wo es wunderschön ist. Eine faszinierende Welt aus Farben und Licht, geheimnisvoll und bunt.

Wuschel schwimmt gerade umher, als er dem Kugelfisch Franz begegnet. Dieser ist furchtbar aufgeregt, als er den Kobold sieht. „Wuschel! Wuschel!", ruft er. „Was ist denn los? Warum bist du denn so aufgeregt?" „Hast du denn nicht von dem Schatz gehört?", fragt Franz. „Schatz? Wovon sprichst du?" „Dann hast du es tatsächlich noch nicht gehört. Also, ich werde dir jetzt alles erzählen. Pass auf! Ich weiß es von den Miesmuscheln und die wissen es von Sabine dem Seepferdchen und Sabine weiß es von Ronja der Robbe und …"„Ja, was denn nun?", unterbricht ihn Wuschel. Er ist inzwischen neugierig geworden. „Schon gut. Also woher Ronja die Robbe es weiß, kann ich dir nicht genau sagen, auf jeden Fall haben mir die Miesmuscheln berichtet, dass irgendwo im tiefen Meer, wo genau wissen sie nicht, wahrscheinlich weiß es niemand so ganz genau. Also dort …!"„Ja, was ist denn da? Jetzt mach's doch nicht so spannend!" Der Kobold kann es kaum aushalten. „Dort soll sich ein Schatz befinden!", sagt Franz. „Ein Schatz?", fragt Wuschel ungläubig. „Ja. Es soll der größte und beste Schatz sein, denn man je gesehen hat!", erzählt der Kugelfisch. „Und wer hat ihn gesehen?" „Wer? Hm … Keine Ahnung!", muss Franz zugeben. „Und woher weißt du dann, dass es ihn gibt?", will Wuschel wissen. „Naja! Die Muscheln haben es doch erzählt.

Und die wissen es vom Seepferdchen und das …" „Und das Seepferdchen weiß es von der Robbe. Ich weiß, ich weiß. Aber wer hat den Schatz denn nun wirklich gesehen?" „Das weiß ich nicht. Ich habe es dir ja nur weitererzählt. Du musst es ja nicht glauben!" und dann schwimmt Franz davon.

Als Wuschel an diesem Abend in seiner Muschel liegt, muss er ständig an diesen geheimnisvollen Schatz denken. „Ich werde auf Schatzsuche gehen!", beschließt er. „Ich werde herausfinden, ob es diesen Schatz wirklich gibt! Es wird mich ohnehin niemand vermissen!" In dieser Nacht träumt der Wasserkobold von einem riesigen Goldschatz. Von Perlen und Silberstücken und wunderschönen Glitzersteinen. Ob es ihn wirklich gibt? Niemand weiß es. Aber Wuschel will es herausfinden und, wenn es sein muss, den ganzen Ozean danach durchsuchen. Eine nicht ganz ungefährliche Reise steht ihm bevor, auf der allerlei Gefahren lauern. Dennoch will er es wagen und den größten Schatz der Welt finden.

Der Wasserkobold und der große Schatz

Wuschel und die Schildkröte

Als Wuschel am nächsten Morgen erwacht, kann er es kaum erwarten, aufzubrechen. Doch mit leerem Magen sollte man nie auf Schatzsuche gehen. So isst er erst einmal eine große Portion Zuckerampfer. Als auch das letzte Blatt verspeist ist, schnauft der Kobold tief durch. „Puh. Jetzt bin ich aber satt!" Dann sucht er seinen Glücksstein, den er auf die Schatzsuche mitnehmen will, und schon geht es los. Er schwimmt davon, ohne zu wissen, wohin ihn seine Reise führen wird. Nach einer Weile begegnet er einer Schildkröte. „Warte einen Augenblick!", ruft Wuschel ihr zu. „Guten Tag!", begrüßt sie ihn. „Guten Tag. Ich habe eine Frage." „Was möchtest du denn wissen, kleiner …?" Dann betrachtet sie den Kobold und überlegt: „Bist du ein Fisch?" „Nein!", lacht dieser. „Ich bin ein Wasserkobold und heiße Wuschel!" „Ein Wasserkobold, aha. Ich bin Mimi die Meeresschildkröte. Wie kann ich dir denn helfen?" „Ich suche den größten Schatz, den man je gesehen hat! Hast du davon gehört?" „Natürlich habe ich davon gehört. Jeder hat das!" „Und weißt du, wo ich ihn finden kann?" „Nein. Tut mir leid!" „Schade!", erwidert Wuschel. „Aber hast du vielleicht Lust, mich auf meiner Reise zu begleiten? Wir könnten den Schatz gemeinsam suchen." „Ich würde dich gern begleiten. Aber ich kann nicht. Ich mache nämlich meine eigene Reise." „Wohin willst du denn?" „Ich werde bald Mama und viele Babys bekommen. Nicht mehr lange, dann ist es so weit! Aber vorher muss ich mir noch einen Platz aussuchen, an dem meine Kinder zur Welt kommen sollen. Hier draußen im großen Meer ist es viel zu gefährlich. Ich schwimme zum Strand, buddel ein tiefes Loch und vergrabe meine Eier darin. Dort bleiben sie dann, bis meine Babys ausgeschlüpft sind." „Ach, so ist das. Da hast du wirklich keine Zeit, auf Schatzsuche zu gehen!" „Nein, leider nicht. Und du machst dich ganz allein auf die Reise?" „Natürlich. Du bist doch auch allein unterwegs!", meint Wuschel. „Aber ich habe einen dicken Panzer, der mich schützt. Fass mal an!" Der Wasserkobold berührt vorsichtig den Schildkrötenpanzer mit der Hand.

„Klopf mal drauf!", fordert Mimi ihn auf. „Nein. Ich will dir nicht wehtun!" „Los mach schon! Mein Panzer ist so hart wie Stein. Klopf drauf!" „Oh!", staunt Wuschel sogleich. „Der ist wirklich sehr hart." „Sage ich doch. Wenn Gefahr droht, ziehe ich Kopf und Beine ein und bin prima geschützt. Du brauchst dir also keine Sorgen um mich zu machen! Aber was ist mit dir? Du hast keinen Panzer, der dich schützt." „Den brauche ich nicht. Ich bin schnell und kann mich in den kleinsten Felsspalten verstecken. Außerdem habe ich meinen Glücksstein dabei. Mit ihm kann gar nichts schiefgehen!" „Na, dann wünsche ich dir viel Glück und dass du findest, wonach du suchst!" „Und ich wünsche dir alles Gute für dich und deine Babys! Leb wohl!" So schwimmen beide davon. Mimi tritt ihre Reise zum weit entfernten Strand an und der Kobold macht sich auf die Suche nach dem größten Schatz der Welt.

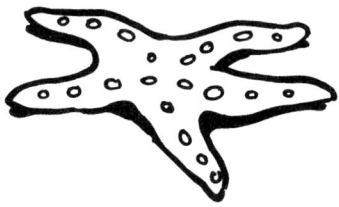

Der Wasserkobold und der große Schatz

Der fliegende Meeresbewohner

Wuschel ist seit Tagen unterwegs. Einen Schatz hat er jedoch noch nicht gefunden. Erschöpft beschließt er, eine Rast zu machen. „Puh! Schwimmen ist ganz schön anstrengend. Ich werde mir eine schöne Stelle suchen und mich ausruhen." Doch weit und breit kann der kleine Kobold keinen passenden Platz finden und so tut er das Naheliegende: Er setzt sich mitten auf den Meeresboden. „Ich bin so müde, ich muss mich unbedingt ausruhen!" Doch gerade als er seine Beine ausstreckt, bewegt sich plötzlich der Meeresgrund unter ihm. „Oh Schreck! Was passiert denn hier?" Zuerst bewegt sich der Boden nur ein bisschen. Dann stärker und im nächsten Moment sieht es aus, als würde Wuschel durch das Wasser schweben. Mitten auf dem Grund des Meeres. „Hilfe!", brüllt er. „Hilfe!" Da kommt auch schon der nächste Schreck. Urplötzlich tauchen Flossen auf und bewegen sich auf und ab. Riesige, gewaltige Flossen. „Wer sitzt denn auf meinem Rücken?", ertönt auf einmal eine Stimme. Der Kobold kann vor Angst nicht antworten.

„Hallo, du! Wenn du schon auf meinem Rücken sitzt, könntest du mir wenigstens deinen Namen verraten!" „Ich heiße Wuschel." „Guten Tag, Wuschel. Ich bin Robert, der Rochen." „Bist du ein Tier?" „Natürlich. Ich bin ein Fisch", erklärt Robert. „Aber haben Fische normalerweise nicht zwei Augen und einen Mund?" „Aber sicher haben Fische Augen und einen Mund. Du stellst lustige Fragen!" „Aber du hast keine Augen!", sagt Wuschel, „und einen Mund sehe ich auch nicht!" „Das ist auch kein Wunder. Du sitzt ja auf meinem Rücken. Mein Gesicht ist auf der anderen Seite. Komm her und schau es dir an!" Wuschel schwimmt zur anderen Seite und tatsächlich, dort sind zwei Augen und ein Mund. Doch als er den Rochen anschaut, ist dieser es, der ein erschrockenes Gesicht macht. „Ach du meine Güte!", ruft er. „Auf deinem Kopf wächst Gras!" „Das ist kein Gras! Das sind meine Haare!" „Haare? Seit wann haben Fische denn Haare?" „Ich bin kein Fisch! Ich bin ein Wasserkobold."

„Ein Wasserkobold!", staunt Robert. „Jemanden wie dich habe ich noch nie getroffen." „Ich bin auch noch nie einem Rochen begegnet. Ich konnte dich vorhin nicht einmal sehen!" „Natürlich nicht! Weil ich mich im Sand eingegraben hatte." „Tut mir übrigens leid, dass ich mich einfach auf dich draufgesetzt habe." „Schon gut. Du kannst gern noch eine Weile auf meinem Rücken sitzen bleiben." Da klettert Wuschel erneut auf den Rochen und dieser bewegt seine Flossen auf und ab und gleitet lautlos durchs Wasser, beinahe als würde er fliegen! „Was macht ein Kobold eigentlich allein im weiten Meer?" „Ich suche den größten Schatz der Welt." „Davon habe ich gehört." „Hast du ihn auch gesehen?" „Nein, leider nicht!" „Schade! Dann muss ich wohl weiter danach suchen.", antwortet Wuschel und steigt vom Rochenrücken herunter. „Ich wünsche dir viel Glück dabei." „Danke!" Und schon schwimmt Robert mit großen Flossenschlägen davon, während Wuschel immer weiter von Zuhause wegschwimmt, hinein ins große Meer.

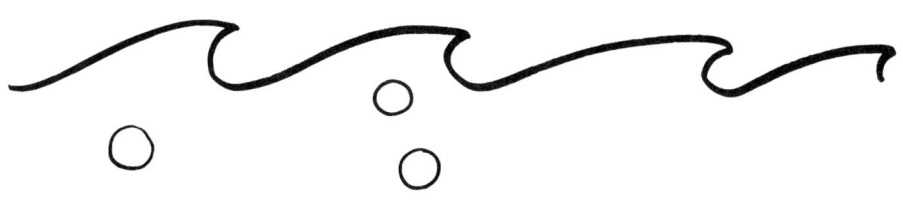

Der Wasserkobold und der große Schatz

Wuschel in Gefahr

Wuschel schwimmt fröhlich durch das Meer, auf der Suche nach dem geheimnisvollen Schatz. Er ist so sehr damit beschäftigt, dass er nicht bemerkt, wie ihn eine starke Strömung immer weiter davontreibt. Jetzt ist Wuschel an einem Ort, wo er noch nie zuvor war. Es ist dunkel und unheimlich und er will so schnell wie möglich von dort verschwinden. Da spürt er einen Ruck. Erschrocken dreht er sich um, als es auch schon von allen Seiten an ihm zieht und zerrt. Wuschel bemerkt, dass er in einem riesigen Netz gefangen ist, welches sich immer enger zusammenzieht. „Hilfe!", brüllt er. Doch der arme Kobold ist nicht der Einzige, der gefangen ist. Viele Fische zappeln ebenfalls in dem Netz herum. Da zwickt Wuschel etwas ins Bein. „Aua!", ruft er. „Keine Angst!", antwortet eine Stimme und Wuschel entdeckt einen kleinen, roten Krebs. „Ich heiße Kasimir. Ich kann euch helfen!", sagt dieser. Sofort werden auch die Fische aufmerksam. Auch sie wollen so schnell wie möglich aus dem Netz befreit werden. „Wie willst du uns denn helfen? Du bist ein kleiner Krebs und das ist ein großes Netz!" „Auf die Größe kommt es nicht an!", erwidert Kasimir, „ich bin vielleicht klein, aber ich trage etwas bei mir, das euch helfen kann." „Was denn?", will Wuschel wissen. „Na, das hier!" und dann präsentiert der Krebs seine beiden messerscharfen Scheren. „Damit kann ich das Netz zerschneiden.", sagt er und macht sich sofort an die Arbeit.

Und tatsächlich. In Windeseile schneidet Kasimir ein Loch in das Netz und Wuschel kann nach draußen schwimmen. Schnell drängen sich auch die Fische heraus und eilen davon. „Du hast es geschafft!", jubelt der Kobold. „Deine Scheren sind wirklich toll!" „Ja. Sie sind ziemlich praktisch! Was machst du eigentlich hier?" „Ich bin auf Schatzsuche." „Auf Schatzsuche? Ich glaube nicht, dass es hier einen Schatz gibt." „Da hast du recht. Ich habe mich verirrt und als ich es gemerkt habe, war ich schon in diesem Netz gefangen. Zum Glück bist du gekommen. Vielen

Dank!" „Gern geschehen. Was ist das für ein Schatz, den du suchst?" „Genau weiß ich es auch nicht. Mein Freund Franz hat mir davon erzählt. Und der weiß es von den Miesmuscheln und die wissen es von Sabine dem Seepferdchen und Sabine weiß es von Ronja der Robbe! Aber woher Ronja es weiß, kann ich dir nicht sagen!" „Hm! Dann hat niemand den Schatz gesehen. Was, wenn es ihn gar nicht gibt?" „Es gibt ihn!", widerspricht Wuschel. „Ich bin mir ganz sicher." „Dann hoffe ich, dass du ihn findest!" „Das hoffe ich auch. Kannst du mir vielleicht noch verraten, wie ich von diesem Ort hier wegkomme?" „Sicher. Komm mit!" Und während Kasimir über den Meeresboden läuft, schwimmt Wuschel neben ihm her. Bald sieht der Ozean wieder hell und schön aus und die zwei verabschieden sich voneinander. Doch Wuschel muss noch immer an Kasimirs Worte denken: „Auf die Größe kommt es nicht an!" Und damit hat er recht. Denn wie man sieht, kann ein winziger Krebs ein riesiges Netz zerschneiden und so zum Lebensretter werden.

Der Wasserkobold und der große Schatz

Der verschwundene Glücksstein

Der kleine Wasserkobold ist nun schon lange Zeit im großen Ozean unterwegs. Irgendwann wird er müde und beschließt, eine Pause zu machen. Erschöpft setzt er sich auf einen Felsen und betrachtet seinen Glücksstein. Doch er passt für einen Augenblick nicht auf, da rutscht ihm dieser aus der Hand und fällt in eine Felsspalte hinein. „Mein Stein!", ruft er erschrocken und will ihn herausholen. Doch die Spalte ist so eng, dass Wuschels Hand nicht hineinpasst. Und ganz gleich, wie sehr er sich auch bemüht, der Glücksstein ist weg.

Da fängt der kleine Kobold an, zu weinen. „Uuuuu!" „Warum weinst du?", fragt auf einmal jemand. Wuschel dreht sich um. Ein Krake sitzt neben ihm und schaut ihn freundlich an. „Mein Glücksstein. Mein schöner Glücksstein ist in diese Felsspalte hier gefallen. Jetzt ist er für immer verloren!", weint der Kobold. „Nicht traurig sein!", sagt der Krake, „wer bist du eigentlich?" „Ich heiße Wuschel und bin ein Wasserkobold!" „Ich bin Konstantin und bin ein Krake!", stellt dieser sich vor. „Und ich glaube, ich kann dir helfen." „Und wie willst du das anstellen? Du bist doch viel zu groß, als dass du in die Felsspalte passen würdest, um meinen Stein herauszuholen." „Ich mag zu groß sein, aber meine Fangarme sind es nicht!", erwidert der Krake. „Und sie sind auch sehr lang!" Zum Beweis bewegt er einen davon hin und her.

„Du hast recht!", antwortet Wuschel und schöpft neue Hoffnung. „Und du hast nicht nur einen Fangarm, sondern ..." Und schon beginnt der Kobold zu zählen: „Eins, zwei, drei ..." „Es sind genau acht!" kommt ihm Konstantin zuvor und streckt einen davon in die schmale Spalte hinein. Bereits nach kurzer Zeit ruft er: „Ich habe ihn gefunden!" Doch als der Krake seinen Arm herauszieht, ist es nicht Wuschels Stein, den er entdeckt hat, sondern eine kleine, runde Muschel. „Oh, Verzeihung!", sagt er und legt diese an ihren Platz zurück. „Ich versuche es noch einmal!" Dann greift er ein zweites Mal in die Felsspalte hinein. Jetzt dauert es

etwas länger und als er seinen Arm herauszieht, schaut der Kobold ihn erwartungsvoll an. „Hast du ihn gefunden?", will er wissen und hält es vor Spannung kaum aus. „Wenn das hier dein Glücksstein ist, dann habe ich ihn gefunden!" grinst Konstantin und hält dem Kobold den Stein hin. „Das ist er! Juhu! Du hast ihn gefunden!", jubelt Wuschel überglücklich. „Danke. Vielen Dank! Jetzt kann meine Reise weitergehen." „Wohin willst du denn?", fragt der Krake. „Das weiß ich noch nicht. Ich bin auf der Suche nach dem größten Schatz der Welt. Weißt du vielleicht, wo ich ihn finden kann?" „Tut mir leid. Das weiß ich leider nicht", erwidert Konstantin. „Schade. Aber nochmals vielen Dank, dass du mir meinen Stein wiedergebracht hast!" „Nichts zu danken. Und viel Glück bei deiner Suche, kleiner Wasserkobold!" Dann schwimmt Konstantin davon und Wuschel sucht weiter nach dem größten Schatz der Welt – irgendwo im riesigen Ozean.

Der Wasserkobold und der große Schatz

Gefährliche Begegnung

Wuschel schwimmt durch das Meer, als plötzlich ein schwarzer Schatten auftaucht. Erschrocken dreht der Kobold sich um. Zuerst sieht er niemanden, doch dann passiert es: Hinter einem Felsen schießt ein riesiger Hai direkt auf ihn zu. „Hilfe!", brüllt der Wasserkobold und schwimmt um sein Leben. Der Hai verfolgt ihn blitzschnell. So schnell er kann, taucht Wuschel zwischen Wasserpflanzen hindurch, an Wurzeln und Steinen vorbei, doch der Hai bleibt ihm dicht auf den Fersen. Und dann sperrt er sein riesiges Maul weit auf. „Uahhh!", schreit Wuschel und das Haifischmaul schnappt zu. Im letzten Moment kann er sich in eine Höhle retten. Der Eingang ist so eng, dass nur der Kobold hindurchpasst. Wuschel kauert sich in die Ecke. Sein Herz pocht und er hat große Angst. Draußen schwimmt der Hai vor der Höhle auf und ab. Immer wieder drückt er mit seiner Schnauze dagegen. „Geh weg!", ruft Wuschel. Doch der Hai denkt überhaupt nicht daran, sein Mittagessen so einfach aufzugeben. Der Kobold sitzt in der dunklen Höhle und weiß nicht, was er machen soll. Hilflos nimmt er seinen Glücksstein in die Hand und überlegt. Doch er hat keine Idee, wie er dem Hai entkommen kann. Da hilft ihm auch sein Glücksstein nicht weiter.

Irgendwann steht er auf und sagt: „Ich muss aus dieser Höhle heraus. Schließlich kann ich nicht für immer hier sitzen bleiben!" Leise schleicht er sich an den Höhleneingang heran. Seine Beine schlottern vor Angst, denn der gefährliche Hai ist vermutlich immer noch da draußen. Doch um es herauszufinden, muss er nachsehen. Wuschel streckt seinen Kopf heraus, schaut zuerst nach rechts, dann nach links. Der Hai ist nicht zu sehen und so saust Wuschel schnell aus der Höhle und schwimmt davon. Plötzlich kommt ein dunkler Schatten auf ihn zu. Erschrocken zuckt Wuschel zusammen. Was soll er tun? Um zur Höhle zurückzuschwimmen, ist es zu spät. Der Hai ist schon zu nahe. Da bleibt Wuschel wie versteinert stehen. Einfach so, mitten auf dem Meeresgrund. Er hat

schreckliche Angst und macht die Augen zu. „Gleich hat er mich!", denkt er und spürt bereits die Flossenschläge des Hais. „Gleich beißen mich seine spitzen Zähne!" Doch nichts passiert. Verdutzt schaut der Hai sich um, dann schwimmt er einfach weiter. Offensichtlich hat er den Kobold nicht entdeckt, der mit seinen grünen Haaren einer Wasserpflanze zum Verwechseln ähnlich sieht. Mucksmäuschenstill steht er da, als wäre er am Meeresgrund festgewachsen, und seine Haare wiegen sich dabei hin und her. Offenbar hielt der Hai ihn für eine Alge oder für Seegras. Langsam schwimmt Wuschel davon und ab und zu bleibt er stehen und schaut sich suchend um – nur für alle Fälle. Unterdessen wartet der ahnungslose Hai noch immer darauf, dass sein Mittagessen wieder aus der Höhle herausschwimmt. Dass der Kobold sein Versteck längst verlassen hat, weiß er zum Glück nicht.

Ein sonderbares Stacheltier

Hilfe!", hallt es laut durch das weite Meer. „Ach herrje! Da ruft jemand um Hilfe! Ich muss nachsehen, was da los ist!", sagt Wuschel und schwimmt sogleich los. „Hilfe. Warum hilft mir denn keiner?", jammert es. Der Kobold sieht sich um, kann aber niemanden entdecken. „Hallo?", ruft er. „Endlich kommt mir jemand zu Hilfe!", erwidert die unbekannte Stimme erleichtert. „Wo bist du denn?", will Wuschel wissen. „Hier drüben!" Der Wasserkobold schaut sich genauer um, kann aber noch immer niemanden sehen. „Wo denn?" „Na, hier drüben, da wo das Seegras wächst!", antwortet die Stimme. Wuschel entdeckt das grüne Gras, das ziemlich dicht gewachsen ist, und schwimmt mitten hinein. „Hallo!", ruft er und muss sogleich kichern, denn die vielen Grashalme kitzeln ihn an seinem Bauch. „Hi, hi, hi!", lacht er. „Du sollst nicht lachen, sondern mir helfen", antwortet es prompt. „Aber ich kann dich nicht sehen", sagt Wuschel und blickt sich suchend um. „Aua!", ruft er plötzlich. „Jetzt habe ich mich auch noch an etwas gepikt!" Und bei genauerem Hinschauen sieht er viele kleine Dornen zwischen den Grashalmen sitzen.

„Du hast dir ein schlechtes Versteck ausgesucht. Das Seegras hat Dornen, die piken ganz doll. Eine hat mich gerade gestochen!" „Oh, das tut mir aber leid!", entschuldigt sich die unbekannte Stimme. „Du kannst ja nichts dafür!", sagt der Kobold. „Leider doch! Die Dornen sind nämlich gar keine Dornen, sondern meine Stacheln." Jetzt drückt Wuschel das Gras vorsichtig auseinander, schließlich will er sich kein zweites Mal verletzen, und entdeckt ein sonderbares, schwarzes Tier. „Ach, du meine Güte!", ruft er verdutzt. „Wer bist denn du?" „Ich bin ein Seeigel und endlich hast du mich gefunden!", freut dieser sich. „Aber warum versteckst du dich denn hier im dichten Gras?", will der Kobold wissen. „Ich verstecke mich nicht! Ich wollte das Gras zum Frühstück verspeisen und bin mit meinen Stacheln darin hängen geblieben. Seither stecke ich fest.

Kannst du mir vielleicht helfen?" „Ich kann es versuchen. Am besten hältst du ganz still!" „Das werde ich. Und sei bitte vorsichtig, du weißt ja, meine Stacheln sind spitz und piken, wenn man nicht aufpasst." „Ich werde mir Mühe geben!", erwidert der Kobold und entfernt behutsam einen Grashalm nach dem anderen, bis der Seeigel wieder frei ist. „Geschafft. Und dieses Mal habe ich mich nicht gepikt!", sagt er stolz. „Das hast du prima gemacht. Danke!" „Darf ich dich etwas fragen?", will Wuschel wissen. „Sicher!" „Ich bin auf der Suche nach dem größten Schatz der Welt und wollte wissen, ob du ihn gesehen hast?" „Nein, leider nicht! Aber ich habe von einem Schloss gehört, das hier in der Nähe sein soll. Leider habe ich es noch nie gesehen. Aber vielleicht ist dort dein Schatz versteckt." „Ein Schloss?" Wuschel kann es kaum glauben. „Danke! Vielen Dank!", ruft der Kobold überglücklich. Wenn es einen Schatz gibt, dann findet man ihn zweifelsohne in einem Schloss, ist er sich sicher und schwimmt eilig davon.

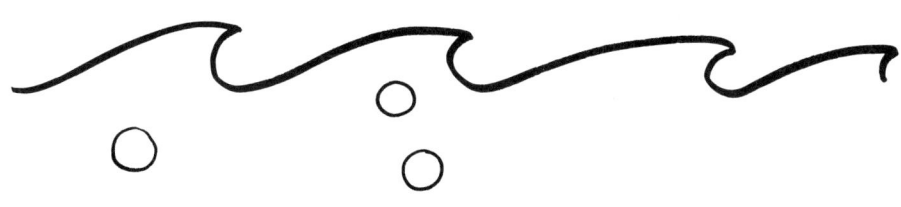

Der Wasserkobold und der große Schatz

Das goldene Schloss

Erwartungsvoll macht sich Wuschel auf die Suche nach dem Schloss. Doch er kann es einfach nicht finden. Stattdessen macht er eine beunruhigende Entdeckung: Über dem Meeresgrund bemerkt er einen grünen Nebel. „Hier ist es unheimlich! Kein einziges Tier ist zu sehen und alle Wasserpflanzen sind verschwunden. Am besten kehre ich wieder um!" In diesem Augenblick entdeckt er etwas: „Was ist denn das? Da vorn glitzert und funkelt es ja!" Unsicher schwimmt er weiter. Bald ist der Nebel verschwunden und Wuschel glaubt, seinen Augen nicht zu trauen. Er steht vor einem goldenen Schloss. „Ich habe es gefunden!", ruft er aufgeregt und schwimmt durch das offene Tor hinein. Da kommt eine wunderschöne Prinzessin auf ihn zu. Sie hat blaues Haar, eine goldene Krone und an ihrem Hals schimmert eine Kette mit glitzernden Perlen.

„Ich bin Elisa, die Meeresprinzessin. Das hier ist mein Zuhause. Und wer bist du?" „Mein Name ist Wuschel. Ich bin ein Wasserkobold und auf der Suche nach dem größten Schatz der Welt. Und ich glaube, ich bin endlich am Ziel angekommen!" „Wo, glaubst du denn, ist dein Schatz versteckt?", fragt Elisa. „Na hier! Ich habe doch dein Schloss gefunden. Und in einem Schloss gibt es immer einen Schatz!" „Du denkst, dein Schatz ist hier im Schloss?" Wuschel nickt. „Oh, da muss ich dich leider enttäuschen. Es gibt hier keinen Schatz! Tut mir wirklich sehr leid!" Der Kobold kann es nicht glauben. Traurig setzt er sich auf den Boden. „Dann war die ganze Reise umsonst!", schnieft er. „Es gibt gar keinen Schatz. Was für ein dummer Kobold ich doch bin!" „Du bist nicht dumm!", widerspricht Elisa. „Ich hatte noch nie Besuch, weil keiner mein Schloss finden konnte. Aber du hast es gefunden. Du kannst also überhaupt nicht dumm sein. Du bist klug und mutig!" „Findest du?" Elisa nickt. „Soll ich dir mein Schloss zeigen?" „Ja, gern!" Und dann machen die zwei eine Schlossführung. Es gibt unzählige Zimmer: große

und kleine, manche mit Muschelverzierungen, andere mit Spiegeln und kleinen Wasserfällen. Überall gibt es etwas zu entdecken. Den ganzen Tag verbringen die beiden miteinander und haben viel Spaß. „Das war der schönste Tag in meinem Leben!", sagt Elisa. „Ich hatte auch viel Spaß. Schade, dass wir nicht jeden Tag zusammen verbringen können!" „Aber das könnten wir doch!", ruft die Prinzessin. „Du kannst doch einfach hier bleiben. Natürlich nur, wenn du willst!" „Und ob ich will! Nichts lieber als das! Ich habe mir schon immer einen Freund gewünscht – oder eine Freundin!" lacht Wuschel und fügt hinzu: „Du hast gesagt, dass es hier im Schloss keinen Schatz gibt. Aber das stimmt nicht! Deine Freundschaft ist der größte Schatz, den ich finden konnte, und viel mehr wert als alles andere!" Da lächelt Elisa. Endlich ist sie nicht mehr allein. Und Wuschel auch nicht. Er hat zwar nicht den Schatz entdeckt, den er eigentlich gesucht hat, aber er hat etwas viel Besseres gefunden: den Schatz der Freundschaft – und der ist wertvoller als alles andere!

Der Wasserkobold und der große Schatz

Mal doch mal

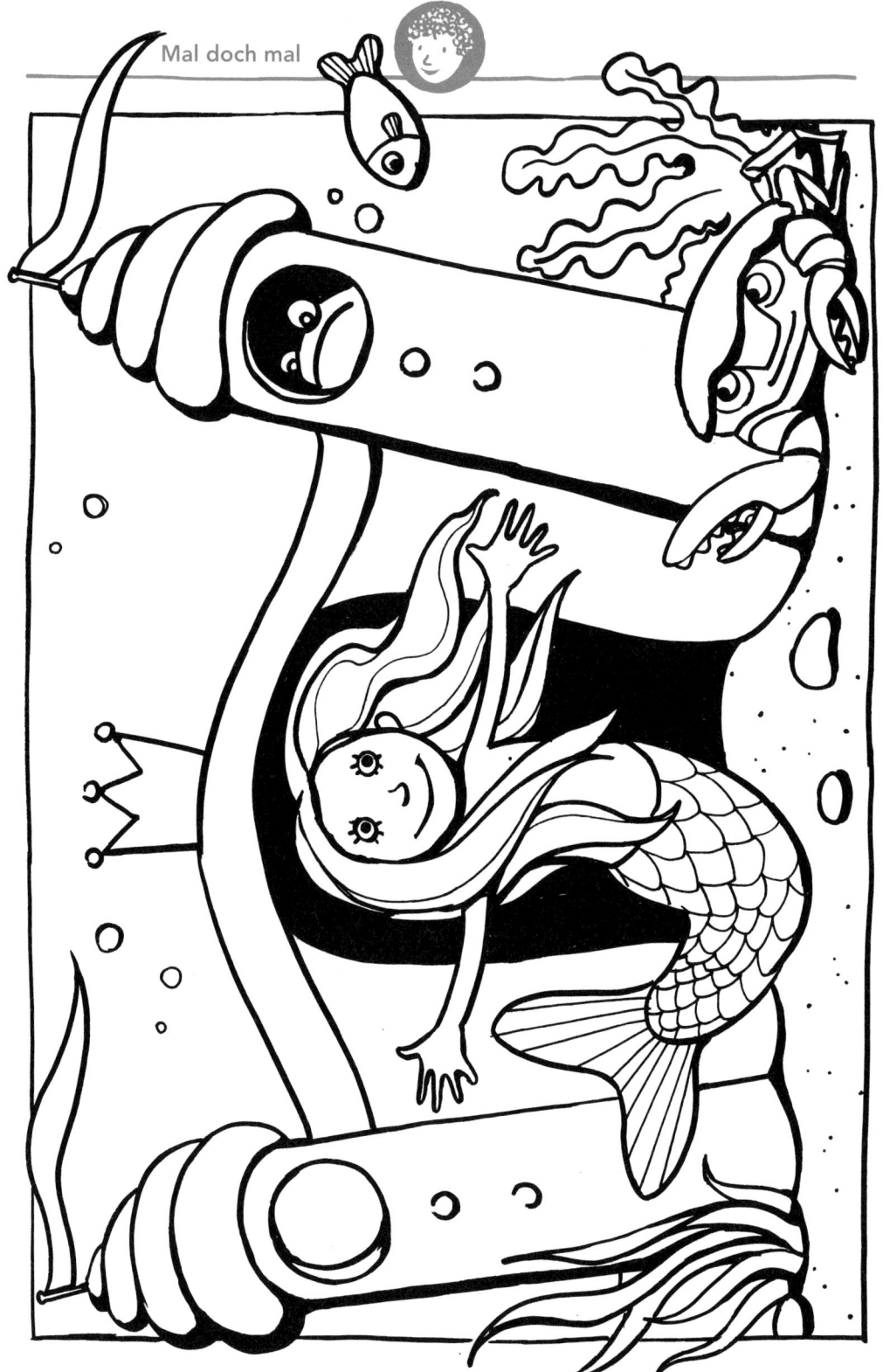

Von Elfen, Wichteln und Zauberern

Spiel doch mal ...

Im großen Meer

Die Kinder sprechen den Text und führen dazu die entsprechenden Bewegungen aus:

1. Das Meer ist tief und riesengroß und immer ist dort etwas los.
   (mit dem Zeigefinger nach unten deuten/Arme formen einen Kreis)

2. Der Seestern, der ist gelb und klein, versteckt sich hinter einem Stein. *(sich ducken)*

3. Spitze Zähne hat der Hai. Schwimmt blitzschnell an mir vorbei.
   (Zähne zeigen, Handflächen aufeinanderlegen und Schwimmbewegungen ausführen)

4. Der Seeigel hat Stacheln dran, mit denen er dich piken kann.
   (ein Finger einer Hand pikt in die andere Handfläche)

5. Der Rochen gleitet still durchs Meer.
   Er schwimmt mal hin und schwimmt mal her.
   (Arme ausbreiten und langsam auf und ab bewegen)

6. Die Qualle, die schwebt auf und ab und schwebt bis auf den Grund hinab. *(die Finger einer Hand hängen nach unten und die Hand dabei auf und ab bewegen)*

7. Der Tintenfisch mit seinen Armen, schwimmt froh im Wasser, gern im warmen. *(Arme hängen nach unten und zappeln hin und her)*

8. Die Krabbe, die macht schnippelschnapp,
   mit ihren Scheren, die sie hat.
   (eine Hand stellt Schere dar, indem der Daumen und die restlichen Finger auf und ab bewegt werden)

9. Egal ob Seestern, Haifisch, Rochen, ob geschwommen, ob gekrochen, ob sie klein sind oder groß, im Meer ist immer etwas los.
   (sich bücken, dann strecken)

Rat doch mal …

Fremde Welten

Sprechen Sie vor jedem Rätselvers folgenden Spruch:
„Spitzt die Ohren, klein und groß – jetzt geht's mit dem Rätsel los!"

1. Wer hat Zähne spitz und lang,
   mit denen er gut beißen kann?
   (der Hai)

2. Wer macht gerne schnippelschnapp
   mit seinen Scheren, die er hat?
   (der Krebs)

3. Welches Tier, jetzt gib gut acht,
   hat lange Arme, und zwar acht?
   (der Krake)

4. Wer schwimmt mit seinem Schuppenkleid
   im Meer herum, zu jeder Zeit?
   (der Fisch)

5. Wer hat Stacheln an sich dran,
   mit denen er dich piken kann?
   (der Seeigel)

6. Wer trägt 'nen Panzer hart und schwer
   den ganzen Tag mit sich umher?
   (die Schildkröte)

7. Wer gleitet leise, ach, wie nett,
   durchs Meer, als ob er Flügel hätt?
   (der Rochen)

8. Und wer hat Haare grün und lang,
   die man mit Gras verwechseln kann?
   (der Wasserkobold Wuschel)

Die Elfe auf der Blumenwiese

Auf einer Wiese am Waldrand blühen Blumen in allen Farben. Doch eine von ihnen hat ein Geheimnis. Sie ist das Zuhause der Wiesenelfe Gwendolyn. Jeden Abend, ehe sich die Blütenblätter schließen, klettert die Elfe in den Blütenkelch hinein und verbringt dort die Nacht. Am frühen Morgen öffnen sich die Blütenblätter wieder. „Uah!" gähnt Gwendolyn. „Es wird Zeit, zu frühstücken." Dann fliegt sie nach draußen und bemerkt ein kleines Tierlein, das von Blume zu Blume fliegt. Es hat schwarze und gelbe Streifen, zwei lange Fühler und ist ein wenig pummelig. Die Elfe muss schmunzeln, denn das Tierlein sieht einfach lustig aus. Aber das Ungewöhnlichste an ihm ist seine Hose. Gwendolyn muss zweimal hinschauen, aber es stimmt: Das fliegende Tierlein trägt tatsächlich eine Hose.

„Guten Tag! Wer bist du denn?", will Gwendolyn wissen. „Ich heiße Hermine und bin eine Hummel", antwortet diese. „Mein Name ist Gwendolyn und ich bin eine Wiesenelfe." „Schön, dich kennenzulernen!", erwidert Hermine und steckt ihren langen Rüssel in eine Blüte hinein. „Was tust du da?" „Ich sammle Nektar!", erklärt die Hummel. „Und frierst du?", will die Elfe wissen. „Warum sollte ich denn frieren? Die Sonne scheint doch herrlich warm!" „Aber warum trägst du dann eine dicke Hose an deinen Beinen?" Und dabei zeigt Gwendolyn auf Hermines Hinterbeine, an denen die gelbe Hose zu sehen ist. Jetzt fängt die Hummel zu lachen an. „Hi, hi, hi!" „Warum lachst du?" „Entschuldigung!" räuspert sich die Hummel. „Ich habe tatsächlich eine Hose an! Aber es ist keine gewöhnliche Hose. Jedenfalls keine, die man anzieht, weil man friert!", erklärt Hermine. „Nein? Wozu ist die Hose dann gut?" „Man nennt sie Pollenhöschen. Wir Hummeln sammeln Nektar und Pollen und bringen alles in unser Nest. Damit wir möglichst viel davon auf einmal sammeln können und nicht unzählige Male hin und her fliegen müssen, tragen wir die Pollen an unseren Hinterbeinen mit uns

herum. So können wir prima fliegen, ohne dass die gelben Pollen uns behindern. Sie kleben einfach so an unseren Beinchen fest und sehen dabei wie eine Hose aus!", erzählt Hermine und muss schon wieder schmunzeln. „Wir brauchen keine Hose zum Wärmen. Wir haben viele Haare an unserem Körper, die uns bei Kälte warm halten." „Ach, so ist das!" Jetzt muss auch Gwendolyn lachen. „Ja, so ist das. Aber jetzt muss ich weiter. Ich habe noch viel zu tun!" „Dann lass dich nicht aufhalten! Und pass gut auf dein Höschen auf!", kichert die Elfe. „Keine Sorge. Ich werde sie sicher nicht so leicht verlieren. Auf Wiedersehen, Gwendolyn!" Und dann ist die freundliche Hummel verschwunden. Und mit ihr die gelbe Hose, die im Grunde gar keine richtige Hose ist. Und Gwendolyn? Die macht sich auf die Suche nach einem leckeren Frühstück. Doch wer weiß? Vielleicht entdeckt sie auf der geheimnisvollen Blumenwiese noch andere Dinge, die es zu erkunden und zu bestaunen gibt. Doch dies erfahren wir ein anderes Mal …

Die Maus, die keine war

Es ist Abend und Gwendolyn will gerade schlafen gehen, als sie ein Geräusch hört. Sie entdeckt ein kleines Tier, das offenbar nach etwas sucht. Die Elfe fliegt näher heran, um nachzusehen, wer so spät noch umherspaziert. „Hallo, kleine Maus!", ruft sie, doch das Tier versteckt sich sofort im Gras. Gwendolyn schiebt die Grashalme zur Seite und schaut der kleinen Maus direkt ins Gesicht. „Hallo!", sagt die Elfe erneut, doch das Tierlein springt eilig hinter einen Stein. Dabei fällt Gwendolyn auf, dass die Maus gar keinen langen Mauseschwanz hat, sondern nur ein kleines Stummelschwänzchen. Außerdem ist sie gar nicht grau, wie Mäuse es normalerweise sind, sondern hat braunes Fell. „Das ist aber eine sonderbare Maus!", denkt sie. „Und sie ist auch ziemlich dick!" So eine Maus hat Gwendolyn noch nie gesehen. „Hallo!", ruft sie nun zum dritten Mal, „du kannst wieder rauskommen. Ich tu dir nichts!" Kurze Zeit später regt sich etwas und die Maus kommt zum Vorschein. Sie hat vier kurze Beine und zwei ziemlich dicke Backen. „Ich wollte dich nicht erschrecken!", sagt die Elfe. „Entschuldige, bitte!" Doch das Tier bleibt stumm. „Wie heißt du?" Aber wieder erhält sie keine Antwort. Offenbar will die Maus nicht reden. Stattdessen schaut diese sie wortlos an.

„Vielleicht können dicke Mäuse gar nicht sprechen!", überlegt die Elfe laut. „Ich bin keine Maus!", ruft es plötzlich und dann fallen dem Tierlein unzählige Körner und Früchte aus dem Mund. „Ich bin keine Maus!", wiederholt es. „Schon gar keine dicke!" „Ähm ...", stottert Gwendolyn, „dir ist gerade etwas aus dem Mund gefallen!" „Nicht aus meinem Mund. Aus meinen Backentaschen. Ich habe Stunden damit verbracht, mein Abendessen zu suchen, und wollte es gerade in meinen Backentaschen nach Hause tragen. Dann bist du aufgetaucht. Erst erschreckst du mich und nun beleidigst du mich auch noch!" Gwendolyn weiß überhaupt nicht, was sie sagen soll. „Jetzt hat es dir wohl die Sprache verschlagen!" „Ich ... also ich wollte dich nicht beleidigen. Es ist nur ...!", stottert sie

verlegen. „Ich habe dich von meiner Blume aus gesehen und wollte nachschauen, wer so spät noch unterwegs ist. Wer bist du denn, wenn du keine Maus bist?" „Ein Hamster. Das sieht man doch!" „Ein Hamster?" „Ja. Ein Goldhamster. Mein Name ist Hugo. Ich wohne eigentlich bei Menschen. Ab und zu zieht es mich aber hinaus auf das Feld. Dann schleiche ich mich davon, wenn alle schlafen und kehre morgens zurück. Meine Menschen haben noch gar nicht gemerkt, dass mein Gehege ein Loch hat. Gerade war ich auf Futtersuche. Und nun liegt mein gesamtes Abendessen auf dem Boden!" „Das ist dann wohl meine Schuld! Ich heiße übrigens Gwendolyn und ich würde dir gern helfen, dein Abendessen wieder einzusammeln!" „Gern!", lacht Hugo und die zwei machen sich an die Arbeit. Die Elfe pflückt frische Beeren und der Hamster sammelt die verstreuten Körner ein. Als sie fertig sind, sagt Hugo: „Jetzt stecke ich alles wieder in meine Backentaschen. Aber wenn sie gefüllt sind, kann ich nicht mehr sprechen. Sonst passiert dasselbe wie vorhin." Dann stopft er alles in seinen Mund und es dauert nicht lange und die Backentaschen sind prall gefüllt. „Leb wohl Hugo!", ruft Gwendolyn ihm hinterher, als er im dichten Gras verschwindet. Dann fliegt sie nach Hause. Schließlich ist jetzt Schlafenszeit.

Die Wiesenelfe Gwendolyn

Der Regen

Es ist früh am Morgen und viele Regentropfen fallen vom Himmel. Deshalb wartet Gwendolyn in ihrer Blume, bis der Regen nachlässt. Als die Sonne endlich zum Vorschein kommt, fliegt sie heraus und landet sanft im feuchten Gras. Es dauert nicht lange, da sieht sie jemanden hinter einem Stein sitzen. Ein kleiner Kopf schaut sie neugierig an. „Hallo!", sagt Gwendolyn. „Hallo!", antwortet es. Die Elfe betrachtet das fremde Tierlein. „Du bist ein Regenwurm. Nicht wahr?" Doch noch ehe dieser ihr hätte antworten können, sagt sie selbst: „Du musst ein Regenwurm sein. Schließlich hat es gerade erst geregnet und bei Regenwetter kommen alle Regenwürmer aus ihren Erdlöchern raus. Darum heißen sie ja auch Regenwürmer."

Da kommt das fremde Tier hinter dem Stein hervor. „Ach herrje!", ruft die Elfe erschrocken. „Der Regen hat dir ja Füße wachsen lassen." Vor ihr sitzt etwas, das wie ein Wurm aussieht, nur hat er unzählige Füße. „Zum Glück bin ich in meiner Blume geblieben, womöglich hätte mir der Regen noch zwei oder drei Füße mehr wachsen lassen!", schnauft Gwendolyn. „Der Regen hat mir doch keine Füße wachsen lassen!", spricht das fremde Tier. „Nein? Aber wo kommen sie denn dann her? Regenwürmer haben doch gar keine Füße!" „Ich bin ja auch kein Regenwurm!" „Was bist du dann?" „Ein Tausendfüßer und mein Name ist Erwin!" „Hast du etwa 1000 Füße?" fragt Gwendolyn. „Nein, so viele sind es nicht. Aber es sind schon sehr viele, wie du sehen kannst. Wer bist du eigentlich?" „Ich heiße Gwendolyn und bin eine Wiesenelfe." „Hast du etwa nur zwei Füße?", will Erwin wissen. „Ja. Und die reichen mir auch. Aber warum hast du so viele davon?" „Nun, ich brauche sie, wenn ein Vogel mich fangen oder ein Igel mich schnappen will! Dann muss ich schnell weglaufen und mich irgendwo verstecken. Und jetzt muss ich los, mir etwas leckeres zu Essen suchen. Ich habe Hunger!" „Na dann will ich dich nicht länger aufhalten. Leb wohl, Erwin!" „Ja, bis bald. Ach, und Gwendo-

lyn? Du kannst auch bei schlechtem Wetter auf der Wiese spazieren gehen. Regentropfen können keine Beine wachsen lassen. Nicht mal ein einziges!" Und dann krabbelt der Tausendfüßer in Windeseile davon. Und die Wiesenelfe? Die macht sich auf den Heimweg. Sie spaziert durch das Gras, das immer noch feucht ist. „Zwei Füße sind mehr als genug", denkt sie. „Zumindest für mich!" Aber sie hat ja auch noch zwei Flügel, wenn sie mal keine Lust zum Laufen hat. Der Tausendfüßer dagegen hat nur seine Füße. Dafür aber ziemlich viele.

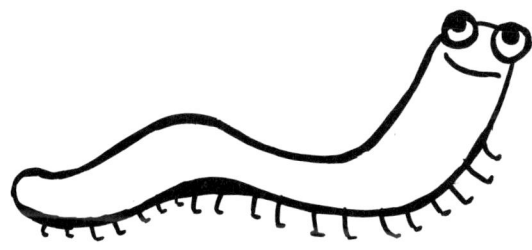

Die Wiesenelfe Gwendolyn

Die Fliege
mit den wundersamen Beinen

Gwendolyn liegt in ihrer Blume, als sie ein Geräusch hört. „Ssss …".
„Was ist das?", denkt sie und streckt den Kopf hinaus. Da fliegt
etwas Kleines, Schwarzes an ihr vorbei. „Ssss …" macht es und ist schon
wieder verschwunden. Die Elfe fliegt nach draußen, als das schwarze
Etwas direkt auf sie zukommt. „Ssss …" und schon wieder ist es weg.
Jetzt ist Gwendolyns Neugier geweckt. Sie will herausfinden, wer da so
rasant über die Wiese saust, und nimmt die Verfolgung auf. Doch sie ist
viel zu langsam. Nach einer Weile muss sie verschnaufen und hält an. Da
hört sie ein Summen direkt neben ihrem Ohr. Schnell dreht sie sich um
und blickt in zwei riesige, rote Augen. Gwendolyn erschreckt sich. Sie hat
noch nie ein Tier mit so großen Augen gesehen. Dabei ist das Tierlein
ziemlich klein. „Hallo!", sagt es. „Hallo!", erwidert die Elfe. „Warum
fliegst du denn so schnell über die Wiese?" „Na, weil es Spaß macht!",
kichert das Tier und setzt sich auf eine Blume. Gwendolyn eilt hinterher.
„Du kannst ziemlich schnell fliegen", sagt sie. „Das stimmt. Wir Fliegen
fliegen wirklich unheimlich schnell." „Dann bist du also eine Fliege?"
„Ja. Gestatten: Frederick Fliege!", stellt der Fliegenmann sich vor. „Ich
bin Gwendolyn die Wiesenelfe." „Freut mich, dich kennenzulernen!",
erwidert Frederick und spaziert mit seinen winzigen Beinen über die
Blume. Die Elfe beobachtet ihn dabei. Frederick ist am ganzen Körper
schwarz, nur seine Flügel glitzern in allen Regenbogenfarben.

„Hmm, lecker!", ruft er. „Was ist lecker?" „Na, die Blüte. Sie schmeckt
wirklich köstlich!" „Aber wie kannst du das wissen? Du hast sie doch
noch gar nicht probiert!" „Aber ich probiere sie doch gerade. Das siehst
du doch!", antwortet Frederick und läuft eilig über die Blütenblätter. „Das
verstehe ich nicht. Du hast doch noch kein einziges Mal abgebissen.
Woher willst du dann wissen, wie die Blume schmeckt?" „Wir Fliegen
müssen nicht abbeißen. Wir können nämlich mit unseren Beinen

schmecken!", erklärt Frederick. „Mit euren Beinen?" „Da staunst du, was?" Frederick kichert. Die Elfe schaut ihre Füße an und kann nicht glauben, dass man damit etwas schmecken kann. Langsam spaziert auch sie über die Blütenblätter. Hin und her und sogar einmal im Kreis, aber schmecken kann sie nicht das Geringste. Dann saust Frederick mit einem lauten „Ssss …" davon und landet auf einem Pilz. Kaum dort angekommen, spaziert er auch schon darauf herum. „Köstlich. Probiere mal!" Gwendolyn, die inzwischen ebenfalls auf dem Pilz gelandet ist, kann mit ihren Beinen auch hier überhaupt nichts schmecken. So beißt sie einfach hinein. „Igitt!", ruft sie und spuckt aus. Frederick lacht. „Nun, nicht alles, was Fliegen schmeckt, schmeckt offensichtlich auch Wiesenelfen. Geschmäcker sind eben verschieden!" „Da hast du recht. Ich werde lieber ein paar Erdbeeren essen!", sagt Gwendolyn und fliegt davon. Aber dass man mit seinen Füßen schmecken kann, darüber wundert sie sich noch lange. Denn das ist wirklich sehr merkwürdig.

Die Wiesenelfe Gwendolyn

Die Wiesenelfe und die Maus

Es ist ein sonniger Tag und Gwendolyn fliegt zum nahe gelegenen Waldrand. Dort entdeckt sie einen sonderbaren Baum. An seinen Ästen und Zweigen wachsen kleine, braune Kugeln. Auch am Boden bemerkt die Elfe einige davon. „Was kann das nur sein?", fragt sich Gwendolyn und nimmt eine braune Kugel in die Hand. „Sieht wie ein Stein aus und fühlt sich auch so an!" „Das sind Nüsse, genauer gesagt, Haselnüsse!", antwortet es plötzlich und dann sitzt eine kleine, braune Maus neben der Elfe. „Hallo!", piepst die Maus. „Ich bin Bernadette. Und wer bist du?" „Mein Name ist Gwendolyn. Ich bin eine Elfe." „Eine Elfe, sagst du? Ich habe noch nie eine Elfe hier im Wald gesehen", sagt die Maus. Gwendolyn erklärt: „Ich wohne auf der großen Wiese. Aber heute habe ich einen Ausflug gemacht und da ist mir dieser große Baum hier aufgefallen!" „Das ist ein Nussbaum. Die Haselnüsse schmecken sehr lecker. Probiere mal!", fordert Bernadette sie auf.

Gwendolyn überlegt nicht lange, steckt die Nuss in den Mund und beißt zu. *Krrrr,* macht es und die Wiesenelfe macht ein schmerzverzerrtes Gesicht. „Aua! Die Nuss ist ja steinhart und sie schmeckt scheußlich! Wie kannst du nur so etwas essen?" „Du hast ja auch auf die Schale gebissen!", grinst Bernadette. „Die Nussschale kann man natürlich nicht essen. Sie ist viel zu hart und nicht besonders schmackhaft." „Das habe ich gemerkt. Das hat ganz schön wehgetan!" „Du musst die Schale entfernen!", erklärt die Maus. „Sieh her, ich zeig's dir!" Und schon knackt Bernadette mit ihren scharfen Mausezähnchen die Nussschale entzwei. Eine kleine, braune Nuss kommt zum Vorschein, welche Bernadette sofort verspeist. „Hmm, lecker!", schmatzt sie. Die Elfe nimmt eine Nuss vom Boden. „Kannst du sie vielleicht für mich knacken? Meine Zähne sind offenbar nicht so gut zum Nüsseknacken geeignet!" „Kein Problem!" und schon beißt die Maus die Schale entzwei und gibt Gwendolyn die Nuss. Und tatsächlich: Sie schmeckt gut. „Hmm, wirklich lecker!",

muss die Wiesenelfe zugeben. „Sag ich doch. Siehst du da drüben den Brombeerstrauch?", fragt Bernadette. Gwendolyn nickt. „Ich würde so gern eine Beere essen, aber ich bin zu klein und komme nicht nahe genug an die Früchte heran. Außerdem hat der Strauch viele Dornen, die mich piken könnten!" „Wenn es weiter nichts ist!", sagt Gwendolyn und fliegt zur Spitze des Brombeerstrauches. Dort pflückt sie eine Handvoll von den süßen, violetten Früchten. „Bitte schön!", sagt sie und streckt sie der Maus entgegen. „Danke!", erwidert Bernadette und knabbert sogleich daran. Dann lassen sich die zwei die Beeren schmecken und hin und wieder knackt die Maus auch ein paar Nüsse. Denn wenn man sich gegenseitig hilft, kann man auch gemeinsam Nüsse und Beeren essen, und das ist wirklich eine feine Sache. Schön, wenn man Freunde hat …

Die Wiesenelfe Gwendolyn

Die gemeinen Froschbrüder

Auf der Wiese herrscht große Aufregung. „Was ist denn los?", will Gwendolyn wissen. „Fips hat sein Zuhause verloren!", sagt Hugo Hamster. „Wer ist Fips? Und warum hat er sein Zuhause verloren?" „Ich bin Fips!", quakt ein kleiner, grüner Frosch. „Was ist denn passiert?", fragt die Elfe. „Ich bin drüben am See zu Hause. Aber seit heute Morgen, darf ich dort nicht mehr wohnen!" „Wieso denn nicht?" „Weil die beiden Froschbrüder Lars und Oskar jetzt dort wohnen. Sie sind ziemlich groß und ziemlich gemein. Und sie haben mich einfach verjagt!" „Aber das geht doch nicht!" „Genau das sagen wir doch die ganze Zeit!", ruft Hugo. „Aber sie haben es getan und jetzt weiß ich nicht, wo ich wohnen soll!", jammert Fips. „Das darfst du dir nicht gefallen lassen!", sagt Gwendolyn. „Und was soll ich jetzt tun?" „Ich hab da schon eine Idee", schmunzelt die Elfe und so machen sich die Wiesenbewohner auf den Weg.

Schon von Weitem können sie die beiden Übeltäter sehen. Gut gelaunt liegen sie auf den Seerosenblättern. „Hallo!", ruft Gwendolyn. „Mein Freund Fips hat gesagt, ihr hättet ihn verjagt. Stimmt das?" Sogleich brechen die Frösche in lautes Gelächter aus. „Ja, es stimmt, wir haben ihn verjagt. Der See ist nämlich nur für große Frösche!" „So ein Unsinn!", widerspricht Gwendolyn, „der See ist groß genug, da findet jeder einen Platz!" „Fips aber nicht!", sagen die Zwei und drehen sich um. „Ich hab's dir ja gesagt!", quakt Fips. „Die lassen mich nicht an den See zurück!" „Das werden wir ja sehen!", antwortet Gwendolyn und flüstert ihren Freunden etwas zu. So machen sich alle an die Arbeit. Hugo sammelt Moos, der Tausendfüßer schafft Gras herbei und Bernadette die Maus sammelt Blätter. Gwendolyn holt Wasser und Fips einen Haufen Sand. Dann rührt die Elfe einen klebrigen Brei an. Diesen schmiert sie auf den Frosch, steckt Blätter, Gras und Moos hinein und als der Brei zu trocknen beginnt, bleibt alles fest daran kleben. „Darf ich vorstellen: Die gruselige Schlammkröte! Sie ist gefährlich und sehr giftig!", spricht Gwendolyn.

„Aber das ist doch Fips!", sagt Hugo. „Das wissen aber die beiden Frösche nicht!", entgegnet die Elfe und flüstert Fips etwas ins Ohr. „Bereit?" Fips nickt. Dann fliegt sie los und ruft: „Hilfe! Eine gefährliche Kröte ist hinter mir her." In diesem Augenblick kommt Fips und quakt: „Das ist mein See. Er gehört mir, der gefährlichen Schlammkröte!" Als die beiden Froschbrüder ihn sehen, bekommen sie einen riesigen Schreck. „Lars!", brüllt Oskar. „Eine Schlammkröte! Nichts wie weg!" und die beiden springen von ihren Seerosenblättern und schwimmen auf und davon. „Geschafft!", jubelt Gwendolyn. „Die wären wir los!" Daraufhin hüpft Fips ins Wasser und ist wieder so grün wie zuvor. „Ohne eure Hilfe hätte ich das nie geschafft. Danke!" „Gern geschehen!", lacht die Elfe und dann verabschieden sie sich. Und Fips? Der liegt gemütlich auf einem Seerosenblatt und ist glücklich, sein Zuhause wiederzuhaben. Die beiden Frösche wurden jedoch nie wieder gesehen!

Die Wiesenelfe Gwendolyn

Eine geheimnisvolle Verwandlung

Gwendolyn fliegt über die große Wiese, als sie etwas höchst Eigenartiges bemerkt. Die Blütenblätter der vielen Blumen bewegen sich auf und ab, und das, obwohl nicht das kleinste Lüftchen weht! „Merkwürdig!", denkt sie und berührt vorsichtig eine gelbe Blüte. In diesem Augenblick steigen unzählige der bunten Blüten empor und fliegen durch die Luft. Und erst jetzt erkennt die Elfe, dass es keine Blüten, sondern Schmetterlinge sind, die sich auf den Blumen ausgeruht haben. „Wie schön!", staunt sie. Da hört sie eine leise Stimme neben sich. „Wo sind denn alle hin?" Verwundert schaut sich Gwendolyn um und entdeckt eine winzige Raupe im Gras. „Sie sind wohl meinetwegen weggeflogen!", antwortet die Elfe. „Bestimmt kommen sie bald wieder. Wer bist du eigentlich?" „Ich heiße Lea und bin eine Raupe. Aber schon bald werde auch ich ein wunderschöner Schmetterling sein." „Ein Schmetterling? Du bist doch eine Raupe. Wie kannst du da ein Schmetterling werden?" „Aus allen Raupen werden früher oder später Schmetterlinge. Bei mir ist es leider etwas später. Die meisten meiner Freunde haben sich schon verwandelt!", erklärt Lea. „Verwandelt? Wie meinst du das?" „Wenn du willst, dann zeige ich es dir. Dort drüben geschieht es gerade!"

Gwendolyn spaziert der kleinen Raupe hinterher. Vor einer roten Blume bleiben sie stehen. An ihrem Stiel hängt ein kleines Häuschen. Es hat weder Tür noch Fenster. „Was ist das?", will Gwendolyn wissen. „Ein Kokon!" „Ein was?" „Ein Kokon. So nennt man das kleine Häuschen. Vor einiger Zeit hat es meine Freundin Rabea gebaut. Seither sitzt sie darin und wartet, bis die Verwandlung beginnt. Und ich glaube, jetzt ist es so weit. Sieh doch!" Da beginnt der Kokon, zu wackeln, und bald ist unten ein kleines Loch zu sehen. Dann streckt jemand seinen Kopf heraus. „Es ist Rabea!" ruft Lea aufgeregt. „Sie hat sich verwandelt!" Da klettert ein Tier nach draußen, reckt und streckt sich und breitet seine bunten Flügel aus. „Und aus dir wird auch so ein wunderschöner Schmetterling?", fragt

Gwendolyn. „Ja, auch ich werde mich verwandeln, wenn es an der Zeit ist. Dann baue ich mir einen Kokon und warte darin. Aber vorher muss ich noch eine ganze Menge essen, damit ich groß und stark werde. Denn wenn ich erst einmal in meinem Kokon sitze, kann ich nichts mehr essen!" „Sieh doch!", ruft die Elfe plötzlich. „Die Schmetterlinge kommen zurück!" Und tatsächlich, aus allen Richtungen kommen sie herbeigeflogen und lassen sich auf den Blumen nieder. „Das ist das Schönste, das ich je gesehen habe!", sagt Gwendolyn. „Ja, so eine Verwandlung ist wirklich eine tolle Sache. Ich muss mich jetzt wieder auf Futtersuche begeben! Du weißt ja, ich muss groß und stark werden!", sagt Lea und schon knabbert sie an einem saftig grünen Blatt. Gwendolyn verabschiedet sich und macht sich auf den Heimweg. Aber sie will wiederkommen, wenn auch Lea sich auf geheimnisvolle Weise in einen Schmetterling verwandelt.

Das wandelnde Blatt

Der Sommer geht dem Ende zu und allmählich wird es Herbst. Doch bevor es so weit ist, feiern alle Wiesenbewohner ein Fest. Gemeinsam mit dem Tausendfüßer Erwin ist Gwendolyn auf der Suche nach Blättern, mit denen sie die Tische schmücken wollen. Bald haben sie einen Baum entdeckt, an dem herrliche Blätter wachsen. „Lass uns eine kurze Pause machen!", sagt Erwin. „Gute Idee! Wir setzen uns hier in den Schatten." Die zwei ruhen sich gemütlich im Gras aus, als plötzlich jemand ruft: „Hallo!" Gwendolyn sieht Erwin verdutzt an, dann steht sie auf. „Wer hat das gesagt?", will sie wissen. „Ich war es!", antwortet es sogleich. Inzwischen ist auch Erwin unter dem Baum hervorgekrabbelt und schaut sich um. Doch weder er noch die Elfe können jemanden entdecken.

„Wo bist du?", fragt Gwendolyn und fliegt zur Baumkrone hinauf. „Na, hier!" „Wo denn? Hier sind doch nur Blätter!" „Wenn du denkst, dass hier nur Blätter sind, dann solltest du mal genauer hinsehen!", antwortet es. Die Elfe betrachtet nun beinahe jedes Blatt, doch sie sieht niemanden. „Ich sehe dich nicht. Du hast dich einfach zu gut versteckt!" „Danke!", antwortet es und dann läuft auf einmal ein grünes Blatt den Ast entlang. „Ach herrje!", ruft die Elfe. „Da läuft ein Blatt!" „Ein wandelndes Blatt, bitte!", antwortet dieses. „Mein Name ist Wendelin." „Ich wusste nicht, dass Blätter laufen können!", wundert sich Gwendolyn. „Ich bin ja auch kein gewöhnliches, sondern ein wandelndes Blatt. Wir sind Tiere, die wie Blätter aussehen. Wenn ich still sitzen bleibe, kann man mich nicht mehr von echten Baumblättern unterscheiden." „Das ist toll!", staunt Gwendolyn. „Danke!", lacht das Tier und spaziert den Baumstamm herunter, während die Elfe sanft im Gras landet. „Wohnst du auf dem Baum?", will Erwin wissen. „Ja. Ich komme nur herunter, wenn ich Hunger habe. So wie jetzt!" „Was essen denn wandelnde Blätter?" „Am liebsten Himbeer- und Brombeerblätter! Und was macht ihr?" „Wir

suchen Blätter, mit denen wir die Tische schmücken können. Heute Abend ist nämlich das Wiesenfest! Hast du Lust, zu kommen?", fragt die Elfe. „Wenn ich darf!" „Natürlich. Du bist herzlich eingeladen. Aber wir müssen jetzt los!" „Dann bis später!", ruft Wendelin. Die beiden beschließen, die Tische lieber mit Gänseblümchen zu schmücken, bevor sie aus Versehen noch ein wandelndes Blatt mitnehmen. Als sie zurück zur Wiese kommen, hat der Biber bereits aus Holzstücken Tische und Bänke gebaut. Der Frosch Fips bringt Seerosen und schmückt damit den Weg zum Festplatz. Hermine Hummel bringt Honig, die Ameisen tragen Beeren auf ihrem Rücken herbei und Gwendolyn kocht noch einen Kräutertee. Dann ist es so weit. Alle sind gekommen, auch Wendelin. „Meine lieben Freunde", begrüßt die Elfe alle Gäste, „wie schön, dass ihr zum diesjährigen Wiesenfest gekommen seid! Und nun lasst das Fest beginnen!" Die Wiesenbewohner feiern die ganze Nacht. Erst als die Sonne aufgeht, gehen sie nach Hause. Und sicher werden sich alle noch lange Zeit an dieses wunderschöne Fest erinnern.

Die Wiesenelfe Gwendolyn

Mal doch mal …

Von Elfen, Wichteln und Zauberern

Sing doch mal …

Von den Wiesentieren

Melodie: traditionell, nach W. A. Mozart, „In einem kleinen Apfel" / Text: E. Danner

1. Der flinke Tausendfüßer, der läuft so schnell er kann.
   Er hat ganz viele Beinchen an seinem Körper dran.

2. Der Grashüpfer kann springen, hüpft schnell von Blatt zu Blatt.
   Und manchmal knabbert er daran, wenn er grad Hunger hat.

3. Die Hummel, die hat Streifen, sie summt und brummt ein Lied.
   Und kannst du sie mal hören, dann sing doch einfach mit.

4. Der kleine, braune Hamster, komm sieh ihn dir mal an.
   Er steckt in seine Backen, so viel er tragen kann.

5. Die Ameisen, sie krabbeln flink durch das grüne Gras.
   Sie krabbeln über Stock und Stein, das macht ihnen viel Spaß.

6. Die Frösche quaken fröhlich und springen in den See.
   Und hüpfen voller Freude auch durch den grünen Klee.

7. Der kleine, braune Hase, der hoppelt hin und her.
   Das macht er wirklich gerne, denn das gefällt ihm sehr.

8. Ja, diese vielen Tiere, die kannst du alle sehn.
   Du musst nur auf der Wiese umher spazieren gehn.

Die Wiesenelfe Gwendolyn

Spiel doch mal ...

Die Wiesenelfe

Die Kinder sprechen den Text und führen dazu die entsprechenden Bewegungen aus:

1. Morgens wird die Elfe munter,
   macht die kleinen Augen auf.
   Fliegt von ihrer Blume runter
   und am Abend wieder rauf.
   (sich recken und strecken, gähnen, Arme auf und ab bewegen)

2. Gwendolyn singt gerne Lieder,
   lacht und tanzt im Sonnenschein.
   Auf der Wiese blüht der Flieder,
   wachsen Blumen, groß und klein.
   (lachen und tanzen, Hände deuten „groß" und „klein" an)

3. Überall, wohin man schaut,
   sind Tiere aller Art zu Haus.
   Jedes sich ein Nest dort baut,
   ob Vogel, Hamster oder Maus.
   (Hand beschattet Augen, pantomimisch ein Nest bauen)

4. Erst am Abend wird es leise,
   alle wollen ihre Ruh.
   Hase, Käfer, Spinne, Meise,
   jeder macht die Augen zu.
   (leise sprechen, Augen schließen)

5. Auch die Elfe geht nach Hause,
   fliegt in ihre Blume rein.
   Denn auch sie braucht eine Pause
   und schläft froh und glücklich ein.
   (Arme auf und ab bewegen, Kopf auf gefaltete Hände legen / Augen schließen)

Medientipps

Literatur

Danner, Eva:
Krippenkinder entdecken die Sprache. Geschichten, Fingerspiele, Lieder, Kniereiter und Co. für das ganze Jahr.
1–3 J., Verlag an der Ruhr, 2013.
ISBN 978-3-8346-2416-1

Liebertz, Charmaine:
Die Lieblingsspiele-Schatztruhe für den Morgenkreis.
Verlag an der Ruhr, 2012.
ISBN 978-3-8346-2228-0

Simon, Katia:
101 Montagsspiele. 5-Minuten-Ideen für den Kita-Wochenstart.
3–6 J., Verlag an der Ruhr, 2013.
ISBN 978-3-8346-2427-7

Links*

http://www.kindergarten-ideen.de/
Unter dem Menüpunkt „Ideenkiste" finden Sie hier neben Anregungen für Geschichten auch Gestaltungsvorschläge für die Durchführung des Morgenkreises in der Kita.

http://www.kindergartenpaedagogik.de/1058.html
Auf dieser Seite finden Sie neben allgemeinen Informationen zur Faszination des Morgenkreises auch Themenvorschläge zur Gestaltung, Regeln zum Ablauf und Tipps zur Vorbereitung und Wirkung.

---

* Die in diesem Werk angegebenen Internetadressen haben wir geprüft (Stand März 2015). Da sich Internetadressen und deren Inhalte schnell verändern können, ist nicht auszuschließen, dass unter einer Adresse inzwischen ein ganz anderer Inhalt angeboten wird. Wir können daher für die angegebenen Internetseiten keine Verantwortung übernehmen.